Gabriele Raspel

Italienischer Traum am Gardasee

Gabriele Raspel

Italienischer Traum am Gardasee

Roman

rosenheimer

www.rosenheimer.com

Titelfoto: © Klaus G. Förg
Lektorat: Beate Decker, München
Satz: SATZstudio Josef Pieper, Bedburg-Hau
Druck und Bindung: CPI books GmbH, Leck
Printed in Germany

ISBN 978-3-475-54871-0

1

Isabella öffnete die Augen und wie immer war sie auf der Stelle hellwach. Sie stand auf und schaute verträumt aus dem offen stehenden Fenster zum See.

Es war der erste Advent, und der strahlend schöne Morgen verhieß einen perfekten Tag. Wie immer genoss sie einen Moment still das Panorama, das sich vor ihrem Zuhause erstreckte, einem ehemaligen Gutshof mit weitläufigem Park ein wenig außerhalb von Riva. Im Osten durch den Monte Brione, im Westen durch den Monte Rocchetta begrenzt und auf einer kleinen Halbinsel gelegen, bot der Wohnsitz einen traumhaften und vor allem ungestörten Blick auf den Gardasee. Die Bezeichnung *Park* war wegen seinen prächtigen Baumriesen und seltenen Sträuchern keineswegs übertrieben. *Gutshof* klang allerdings weit hergeholt. Das dreistöckige Haus mit dem Turm an seiner Ostseite wirkte aus der Ferne zwar stattlich, doch wenn man sich ihm näherte, glich es immer mehr einer gebrechlichen, ehemals eleganten Dame, die sich, gebückt von den Zeichen der Zeit, nur noch mühevoll auf den Beinen hielt.

Isabella schirmte die Augen vor der Sonne ab, die über dem mächtigen Rücken des Monte

Baldo aufgegangen war und bereits jetzt um halb neun mit gleißender Helligkeit blendete. Gestern Nachmittag war sie mit Chiara und Elisa in freudiger Adventsstimmung durch das vorweihnachtlich geschmückte Riva gebummelt, alle drei ausgestattet mit Einkaufskarren, um gewaltige Gebinde von Tannen- und Koniferengrün, Kerzen und Adventskränze für den heutigen ersten Advent zu transportieren. Wie üblich wurde das Haus üppig geschmückt – es glitzerte verschwenderisch, und bis in den hintersten Winkel verbreiteten sich die betörenden Düfte des Tannengrüns und der Unmengen selbstgebackener Plätzchen, die so mundeten, dass die meisten das Fest nicht erlebten. In diesem Jahr gab es reichlich Eukalyptuszweige, deren rosafarbene Blüten alle bezauberten.

Das malerische und gerade zu dieser Jahreszeit beschauliche Riva, zum Trentino gehörend, lag in voller Sonne, allerdings war es mehr ein Städtchen des Schattens, in dem die Sonne im Sommer bereits um sechzehn Uhr hinter den Bergen verschwand. Dies schien jedoch niemanden zu stören, im Gegenteil, im Sommer wurde in dieser mit Hitze verwöhnten Region Schatten vor allem von seinen fast siebzehntausend Einwohnern immer sehr begrüßt.

Ausgeruht und guter Laune und seit ihrer Kündigung mit viel Zeit gesegnet, beschloss Isabella, Emanuele zu einem letzten Ausflug für dieses Jahr zu überreden. Ihr Freund war kein Bewegungsmensch, aber es galt ja keinen Berg zu erklimmen, es gab hier am Gardasee unendlich viele Möglichkeiten, das herrliche Wetter zu nutzen.

Kurz entschlossen rief sie ihn an. Geduldig ließ sie es lange klingeln, aber es war ja auch noch früh am Morgen. In diesem Jahr stand ihr Freund in seinen freien Wochen immer später auf, sinnierte sie. Schade eigentlich, denn auch am Abend verabschiedete er sich zusehends früher. Er hatte von Natur aus eine helle Hautfarbe, doch in letzter Zeit schien er immer blasser und er war angespannt, reagierte zusehends gereizt auf jede ihrer harmlosesten Äußerungen. Nicht, dass er ihr schließlich noch mit einem Burnout zusammenbrach.

Sie wollte gerade auflegen, da nahm er das Gespräch entgegen. »Oh, hallo, Schatz«, begrüßte sie ihn mit heiterer Stimme. »Ich hoffe, ich hab dich jetzt nicht geweckt.«

»Doch, hast du«, kam die brummige Antwort.

Isabella rollte die Augen. Nein, Emanuele war noch nicht ausgeschlafen, ihr Pech. »Ich meine nur … Es ist so schönes Wetter. Hättest du nicht Lust, mit mir eine Tour zu unternehmen? Wir könnten am Tennosee ein wenig spazieren gehen und es mit einem Besuch des Varone-Wasserfalls verbinden.« Der Weg führte durch eine landschaftlich interessante Region, die sie sehr liebte. Der Tennosee war ein typischer Bergsee auf fünfhundertsiebzig Metern am Fuße des Monte Misone. Man nannte ihn auch »Lago Azzuro«, was er seiner Farbe in Türkis bis Himmelblau zu verdanken hatte. Jetzt im Spätherbst war der See nach den Regenfällen der letzten Tage wahrscheinlich wieder besonders angestiegen. Das versickerte Wasser des Sees stürzte später in dem spektakulären Wasserfall von Varone durch eine neunzig Meter tiefe Schlucht unterhalb von Tenno hinab und gehörte zu einem der vielen beeindruckenden Naturschauspiele im Hinterland von Riva. »Oder wir machen einen Bummel unten am See«, schlug sie vor.

»Herrje, hatte ich dir nicht letztens gesagt, dass morgen meine Fortbildung beginnt? Glaub mir, da steht mir der Sinn nicht gerade nach einer Tour. Ich muss noch ein paar Sachen waschen und dann packen. Du weißt doch, wie so was ist.«

Nein, sie wusste nicht, wie so was war. Wenn sie auf Reisen ging, was selten vorkam, dann mit leichtem Gepäck. Packen bedeutete für sie einen Aufwand von einer halben Stunde. Aber sie schluckte ihren Unmut hinunter. Emanuele war halt nicht so belastbar wie sie. Dabei sollte man das bei einem Kapitän zur See eigentlich voraussetzen. Doch wie er ihr in einer weinseligen Minute einmal verraten hatte, hatte er diesen Beruf lediglich ergriffen, weil der ihm das Gefühl gab, stets die Möglichkeit zu haben, zu verschwinden, wohin auch immer. Außerdem, fügte er nuschelnd hinzu, habe es ihm die Kapitänsmütze angetan.

Im Stillen fragte sie sich, wieso ein Mensch mit einem Schifffahrtspatent Fortbildungen in so kurzen Abständen besuchen musste. Das war schon seine zweite in diesem Jahr. Seine Arbeitszeit, drei

Monate auf See, drei Monate frei, war natürlich nicht mit der eines Büromenschen zu vergleichen. Aber mussten es in seiner Freizeit zwei Wochen Fortbildung sein? Egal. Bis seine nächste Fahrt wieder losging, hatten sie noch genügend Zeit.

»Schade, dann kann man nichts machen. Aber vielleicht sehen wir uns ja noch am Abend? Papa kocht heute was Französisches, und du bist natürlich wie immer herzlich eingeladen.«

»Tut mir leid, aber ich könnte mich da nicht wirklich richtig entspannen«, kam seine Antwort. »Ich muss mich noch ein wenig auf die Fortbildung vorbereiten. Es handelt sich hierbei, wie du ja weißt, nicht um einen Häkelkurs für Hausfrauen.«

Isabella zog scharf die Luft ein und spürte, wie ihre gute Laune zu schwinden begann. Hausfrauen-Häkelkurs! Sein Hochmut leuchtete wieder einmal durch, eine seiner wenigen schlechten Eigenschaften.

Erneut bedauerte sie, dass er immer noch in Saló lebte. Wohnte er hier in Riva, könnten sie sich viel öfter sehen. Anfangs hatte sie angenommen, er sei bereit zu einem Umzug, aber nach und nach hatte sie ihre Nachfragen diesbezüglich aufgegeben, denn er zeigte keinerlei Lust dazu. Als Ausrede gab er an, dass es von Riva aus noch weiter nach Genua sei, wo sein Schiff ablegte. Noch trauriger allerdings war die Tatsache, dass er sie umgekehrt nicht einmal bat, zu ihm zu ziehen. Außerdem war es höchstens für sie zu weit, denn sie fuhr ihn schließlich immer mit ihrem Auto nach Genua, damit er sich die Parkgebühren für drei Monate sparen konnte.

»Schade«, erwiderte sie munterer als ihr zumute war. »Da kann man halt nix machen. Man sieht sich.« Mit diesen Worten legte sie auf, ohne seine Antwort abzuwarten. Man sah sich frühestens in zwei Wochen wieder. Es wurde Zeit, dass sie mit ihrem Freund Tacheles redete. Wenn sie ihn nicht so gut kennen würde, könnte man beinahe auf argwöhnische Gedanken kommen. Aber sie vertraute ihm. Frauen oder auch Männer, die zu übermäßiger Eifersucht neigten, waren ihr zuwider.

Trotzig entschied sie, an diesem strahlenden Tag nicht zu Hause herumzusitzen, sondern ihn zu einer ihrer beliebtesten Mountainbike-Touren zu nutzen. Dazu ihre Freundin anzurufen, die sie normalerweise begleitete, kam nicht infrage. Antonia, die Krankenschwester, hatte Nachtdienst gehabt und verdiente ihre Ruhe.

Sie zog ihre Sportsachen an, dann ging sie hinunter. Zum Haushalt gehörten außer ihr: Thibault, ihr Vater, und Chiara, ihre Mutter, sowie Paula und Elisa, die sich seit Jahrzehnten als helfende Hände in Haus und Garten nützlich machten.

Ein zarter Duft aus Kaffee und gebratenem Speck strömte ihr entgegen, doch als sie die Küchentür öffnete, merkte sie, dass alle ausgeflogen waren. Am Sonntag ging man in die Kirche, sie hatte nicht daran gedacht. Also frühstückte sie ohne Eile, dann schrieb sie einen Zettel, um ihrer Mutter Bescheid zu geben, dass sie erst nach Mittag zurück sein würde, sie möge ihr aber etwas Suppe übrig lassen. Sonntags kochte ihre Mutter zum *Pranzo* oft nur eine leichte Suppe. Dafür gab es am Abend zum *Cena* wie stets und nicht nur an Sonn- und Feiertagen ein Drei-Gänge-Menü, das ihr Vater heute zubereitete, damit Elisa den Sonntag frei hatte. Auch montags durfte Elisa sich nicht an den Herd stellen, dennoch musste niemand verhungern, denn sonntags wurde so reichlich gekocht, dass man von den Resten auch noch satt wurde.

Die Küche lag im äußersten Westflügel des Erdgeschosses, daneben gab es Speisezimmer, Wohnzimmer und Bibliothek, die man, wie alle anderen Räume auch, von einem schmalen Flur aus betrat, der sich in der gesamten Länge davor erstreckte. Im Westteil befand sich das *große* Gästezimmer mit integriertem Bad und eigenem Ausgang, welches früher Elena, Chiaras Schwester, mit ihrem amerikanischen Mann Lennard bewohnt hatte. Nach deren Tod wurde es von Elenas Stiefsohn John in Anspruch genommen.

Elena hatte Lennard bei einem Kurzbesuch in den USA kennengelernt und ihn ein Jahr darauf geheiratet. Ihre Besuche mit ihm waren die reine Freude gewesen, was man von Johns Erscheinen nicht behaupten konnte. Das obere Gästezimmer in Beschlag zu nehmen, davon hatte er zu Isabellas Erleichterung von vornherein Abstand genommen. Der Gedanke, er wäre ihr möglicherweise im Flur im Morgenmantel begegnet, verursachte ihr noch heute Brechreiz. Außerdem war ihm dadurch ein ungestörtes Kommen und Gehen gewährt, ein Privileg, das er in dem oberen Zimmer nicht genossen hätte.

Isabella stellte das Geschirr in den Geschirrspüler und räumte alles andere in den Kühlschrank. Dann lief sie, wieder guter Laune, hinaus.

Wie immer ging ein frischer Wind, einer der zahlreichen Gardasee-Winde, von denen es fünfzehn verschiedene gibt. Jeder von ihnen hat seine charakteristische Richtung, Tages- und Jahreszeit: So bläst *Sover* um Mitternacht aus dem Norden, Südwind *Ander* am Vormittag, die frische *Ora* pünktlich ab zwölf Uhr mittags und *Vinezza*, aus Venedig kommend, jagt feucht und kalt im Frühjahr über die empfindlichen jungen Pflanzen, ganz zu schweigen von den Herbststürmen, die man hier eigentlich nicht vermuten würde.

Noch blähte *Sover* die Segel, um später am Nachmittag der Brise *Ora* das Feld zu überlassen. Verlass auf diese Surf- und Segelwinde, so wusste Isabella, war allerdings nur hier im Norden, wo der Gardasee einem tief in die Berge eingeschnittenen Fjord glich. Dem östlich gelegenen Torbole hatten diese Winde einen starken Boom beschert und die Region in eine der beliebtesten Surf-Reviere Europas verwandelt. Surfen war allerdings nicht ihre Leidenschaft, Isabella liebte das Mountainbiken. Gut gelaunt holte sie ihr

Mountainbike aus dem alten Schuppen, der, seit jeher großartig *Remise* genannt, mittlerweile auch kurz vor dem Zerfall stand und schon seit Längerem einem neuen Platz machen sollte. Aber alle außer Paula waren keine Heimwerker, und bisher hatte das Geld für einen Neubau noch nicht gereicht.

Die Luft war frisch, perfekt für eine ihrer liebsten Touren auf der alten Ponalestraße. Diese Tour bot für sie keine Schwierigkeiten und ließ das Herz höher schlagen auf jedem der fünfundzwanzig Kilometer, die es zu bewältigen galt.

Der in Richtung Limone verlaufende Radweg führte parallel an der Autostraße Gardesana Occidentale entlang und zweigte dann etwa zweihundertfünfzig Meter hinter dem Ortsschild von Riva kurz vor einem Tunnel in die alte Ponalestraße ab, die, 1851 fertiggestellt, mühsam aus den senkrechten Felswänden gefräst worden war. Sie verband seitdem das abgeschiedene Ledrotal mit Riva, und die Wanderer und Mountainbiker durften sie zehn Jahre nach ihrer Sperrung für den Autoverkehr und gleichzeitigem zähem Protest der Bevölkerung, seit ein paar Jahren wieder nutzen. Bei einem Gut teilte sich vor ihr die Straße, und schließlich erreichte Isabella die Erhebung Bocca Larici, den Höhepunkt der Radtour.

Ihre Lungen füllten sich wie immer an diesem Punkt mit neuer Lebenskraft. Isabellas Herz klopfte nicht nur vor Anstrengung, sondern vor allem auch vor Entzücken angesichts des überwältigenden Panoramas ringsum, den schroffen

Bergen, den Hügeln in der Ferne und nicht zuletzt dem See zu ihren Füßen. Der See war in der Tat der blaueste in ganz Italien. Schlängelte sich bei Riva noch ein hellgrün und türkiser Streifen am Ufer entlang, das dann unerwartet steil in die Tiefe abfiel, so leuchtete der Gardasee hier in reinem Blau, durchsichtig bis weit hinunter und klar wie die Morgenluft. Aber so friedlich er heute auch schien, so war der *lago vivo* im Innern lebendig, dank des verzweigten Höhlen- und Röhrensystems, in dem das Wasser an den Uferbergen unheimlich aus dem See heraus- und wieder zurückströmte.

Wie schade, dass Emanuele jetzt nicht mit ihr gemeinsam diese Schönheit erlebte. Ohnehin kein Freund von Mountainbike-Touren, erwies er sich entgegen seinen Erzählungen zu Beginn ihres Kennenlernens im Laufe der Zeit als Sportmuffel. Dafür besaß er andere Qualitäten, urteilte sie liebevoll.

Welche?, hinterfragte ihre innere Stimme, wie so oft in der letzten Zeit. Nun ja, er war … nett, manchmal bezaubernd, auf jeden Fall anziehend. Man konnte sich auf ihn verlassen. Die interessanten Geschichten von seinen Reisen übers Mittelmeer und der manchmal arg verwöhnten Gästeschar hielten nicht nur sie stets aufs Neue gefangen. Das Einzige, das sie neben seinem Hochmut traurig stimmte, waren seine seltenen Aufenthalte in Riva. Aber dies brachte nun einmal sein Beruf als Kapitän auf einem noblen Kreuzfahrtschiff im Mittelmeer mit sich.

Nein, sie bereute nicht ihren unvermittelten Wunsch vor einigen Wochen, sich mit ihm zu verloben. Er hatte sie erhört, wie man an dem Ring mit seinem tiefblauen Aquamarin, eingefasst von kleinen Diamanten, erkennen konnte.

War es bloß eine Kurzschlusshandlung vor dem vierzigsten Geburtstag? Sie neigte nicht zum Brüten, aber der bevorstehende runde Geburtstag bedeutete doch einen gewissen Einschnitt.

Aber nein, beruhigte sie sich, es gab keinen Grund zur Torschlusspanik.

Als sie dreißig wurde, hatte sie keinerlei Gedanken ans Älterwerden verschwendet. Warum auch? Gegenwärtig schreckte sie auch die Vierzig nicht, im Gegenteil. Spätestens mit Vierzig besaßen die meisten, sogar Spätentwickler wie sie, endlich genügend Selbstbewusstsein, ihr wahres Ich zu zeigen und zu leben. Man gestattete sich Albernheiten, ohne rot zu werden, traute sich, ausgefallene, möglicherweise auf andere seltsam wirkende Kleidung anzulegen. Man genehmigte sich die Freiheit, den einen oder anderen Gedanken, der nicht unbedingt populär war, laut herauszuposaunen.

Sie kicherte. Tatsächlich war sie bereits jetzt mit neununddreißig ganz bei sich, kannte sich, respektierte sich. Nur manchmal wäre es schön, wenn ihr Freund öfter den Freundeskreis ersetzen und mit Begeisterung Ausflüge oder heitere Abende mit ihr verbringen würde. Und natürlich heiße Liebesnächte genießen. Aber damit musste sie leben.

Als Nächstes stand eine Veränderung an, die sie erfreute und gleichermaßen erregte: Sie war gezwungen, sich eine neue Arbeit zu suchen, nachdem der Autozulieferer, bei dem sie die letzten Jahre gearbeitet hatte, die Tore hatte schließen müssen. Aber da war sie unbesorgt. Sie sah sich als die vollkommene Assistentin und zwar eine, die sich in der digitalen Welt gut auskannte. Mit ihr wurde jeder IT-Mensch – beinahe – überflüssig. Mit dieser, okay, ein wenig hoch gegriffenen Aussage würde sie auf jeden Fall punkten, wenn sie ihrem zukünftigen Chef darlegte, dass er mit ihr in der glücklichen Lage wäre, sich die Ausgaben für eine solche Koryphäe zu sparen. Sie wusste auch nicht, wieso, aber die Arbeit mit Computern war ihr immer schon leichtgefallen. Außerdem verfügte sie über eine ausgesprochene Sprachbegabung. Dank ihres französischen Vaters Thibault sprach sie neben Italienisch auch perfekt Französisch, dazu natürlich Deutsch, Englisch und leidlich Spanisch. Ja, dachte sie selbstbewusst, sie war für alles gerüstet. Jetzt hieß es nur, die Augen offen zu halten und zuzugreifen, wenn sich die Gelegenheit bot. Seit jeher hatten ihre Eltern sie beschworen, angstfrei in die Zukunft zu schauen. Aus zwei Gründen: Sie hatte Familie und Freunde, die sie liebten. Und dass sie immer ein Dach über dem Kopf haben würde, dafür sorgten ihre Angehörigen und sie nach Kräften.

Das Landgut – vormals eine sogenannte Villa Rustica, also der Mittelpunkt eines landwirtschaftlichen Betriebs, und von ihren Vorfahren

Ende des neunzehnten Jahrhunderts erworben – bot ihren Eltern Chiara und Thibault sowie Elisa und Paula ein heimeliges, wenn auch arg renovierungsbedürftiges Zuhause. Die drei Letzteren vermochten Chiara in den Achtzigerjahren, nachdem sie diese in Madonna di Campillo beim Skiurlaub kennengelernt hatten, in letzter Sekunde aus einer Lawine zu retten, und waren ihr danach auf ihre Einladung hin als Logiergäste ins Gutshaus gefolgt.

Die Lage des Hauses auf der unweit von Riva gelegenen Halbinsel mutete unvergleichlich an. Die landwirtschaftlich genutzten Felder hatte man allerdings schon lange nach und nach verkauft. Nur der Park befand sich noch in Familienbesitz. Einzigartig war auch der Anblick, den er im März bot. Dann wurde die Einfahrt zum Haus von einem richtiggehenden Kamelienwald gesäumt. In weiß, rosa und tiefrot hatten die meisten von ihnen eine stattliche Baumgröße erreicht, da sie bereits gegen Ende des neunzehnten Jahrhunderts gepflanzt worden waren und sie in der Regel die milden Winter unbeschadet überstanden. Die Leidenschaft der ersten Gutsherrengeneration für die Kamelien in ihrer Farbenvielfalt hatte sich auf alle Nachkommen übertragen, und so gediehen sie weiter auf das Üppigste. Ihre strahlenden Farben unterstrich in der Mitte des Hofes ein großer runder Brunnen aus schneeweißem Carrara-Marmor. Im Laufe der Jahrzehnte war zudem wilder Wein beidseits der tiefgrün gestrichenen Eingangstür an der gesamten Nordfront des Hauses einschließlich Turm emporgerankt, vor der sich wiederum die prächtigen Magnolien breitmachten.

Dieser Anblick ließ ihren französischen Vater, den ihre Mutter damals außer den beiden Mädchen aus Madonna di Campillo vom Skiurlaub mit heimbrachte, zu dem Ausruf hinreißen: »Mein Gott, das ist ja eine richtige *Villa Magnolia*.« Von da an hatte man diesen Namen für das ehemalige, bereits damals schon recht heruntergekommene Herrenhaus beibehalten.

Chiaras liebenswerte Gäste – zum damaligen Zeitpunkt alle drei arme Schlucker – waren geblieben und hatten sich prächtig entfalten können im Schutz des geräumigen Gebäudes und der vielfältigen Flora der Gartenanlage sowie der Weitherzigkeit von Chiaras Eltern, die ihnen natürlich bis an ihr Lebensende dankbar waren.

Aus strahlend weißem Stein erbaut, umfasste das Haus drei großzügige Etagen mit je fünf gleichgroßen Zimmern und dem Turm im Ostflügel, den ihr Großvater ihrer romantisch veranlagten Großmutter zum fünften Hochzeitstag gewidmet hatte. Die Glasscheiben der hohen Fenster aus dem sechzehnten Jahrhundert waren alle noch in ihrem ursprünglichen Zustand erhalten und verzauberten mit einem unvergleichlich sanften Licht.

2

Als Isabella das Gutshaus gegen halb zwei wieder betrat, empfing sie vollkommene Stille. Sie warf einen Blick in die Küche, doch sämtliche Bewohner befanden sich nach dem *Pranzo* pünktlich um zwölf wie üblich in ihren privaten Räumen zur Siesta. Sie schnitt sich eine Weißbrotscheibe zur Suppe ab, stellte dazu ein großes Glas Leitungswasser auf ein Tablett, klemmte sich die Sonntagszeitung vom Küchentisch unter den Arm und stieg damit die Treppe hinauf zu ihrer Wohnung, gefolgt von ihrem zehnjährigen Maine-Coon-Kater Barney, einem imposanten Stubentiger mit einem Meter Länge von der Nase bis zur buschigen Schwanzspitze.

Ihre Wohnung befand sich neben den drei von ihren Eltern bewohnten Zimmern im ersten Stock des Ostflügels. Als Erstes betrat man das Schlafzimmer mit dem angegliederten nagelneuen Bad, das sie ganz allein benutzen durfte und das ihr nunmehr ungestörte, stundenlange Wannenbäder ohne genervtes An-die-Tür-Klopfen ihrer Mutter ermöglichte. Dass man durchs Schlafzimmer musste, ehe man ins Wohnzimmer kam, lag daran, dass Isabella natürlich das aparte Turmzimmer zum Aufenthaltsraum bestimmt hatte. Ein Prinzessinnenzimmer, befand sie, hell und mit Rundumblick auf den Lago, ausgestattet mit einer gemütlichen Sitzecke für zwei Personen im kleinen Erker, einer antiken Kommode, auf der sie ständig wechselnde Bilder ausstellte, stets gemeinsam mit einem frischen Blumenstrauß, und ihrem Schreibtisch mit dem PC. Hier gab es einen Kamin, den sie ab Herbst bis zum Frühling gern anstelle der Heizung benutzte, um es sich auf dem Sofa davor bequem zu machen und beim Knistern des Feuers zu entspannen. Natürlich hatten die Altvorderen bereits in den Zwanzigerjahren des vergangenen Jahrhunderts eine Zentralheizung einbauen lassen, doch die galt es mittlerweile dringend zu erneuern. Auch auf dem kleinen runden Tisch am Erkerfenster stand ein frischer Blumenstrauß – vor allem im Juni bestehend aus Rosen, ihren Lieblingsblumen, die sich im Muster des Sessels wiederholten, und im Winter aus einem Strauß aus Tannengrün oder Koniferen. Der Clou des Zimmers jedoch war die Stiege hinauf auf das Turmdach. Diese Terrasse gehörte ihr ganz allein – ein weiterer Traum.

Nachdem sie sich geduscht hatte, öffnete sie im Schlafzimmer das Fenster und stützte sich einen Moment auf die tiefe Fensterbank. Wie immer bereiteten ihr das rasante Treiben der Surfer und die gemächlicheren Segler größtes Vergnügen. Kein Wunder, dass ihr Vater, ein begnadeter Landschaftsmaler, so oft wie möglich im Garten saß, um die farbenprächtigen Segel auf dem in allen Blautönen funkelnden See zu Papier zu bringen. Erst am Abend, wenn die Surfer sich in der pittoresken Altstadt regenerierten, durften die Kitesurfer auf den See, denn es galt zu vermeiden, dass es zu Kollisionen der mit großer Geschwindigkeit Surfenden kam, wobei das Kitesurfen in Isabellas Augen mehr dem Fliegen glich als dem Gleiten.

Lächelnd lauschte sie einen Moment dem Spiel des Windes, vor allem in den Sommermonaten Musik in ihren Ohren, wenn er sich in den Blättern des Tulpenbaum-Methusalems und der zahlreichen anderen Gehölze verlor, die das Haus vor den Blicken der Touristen auf der Seeseite schützten.

Sie setzte sich an ihren PC und recherchierte nach Arbeitsangeboten, möglichst in ihrer Nähe, denn sie wollte vermeiden, dass sie sich morgens und abends über die in der Saison vollgestopften Uferstraßen quälen musste. Leider konnte sie von hier aus nicht das Boot benutzen. Ein original Rivaboot, der Rolls Royce des Meeres aus den Fünfzigerjahren, war der Stolz der Familie und würde natürlich niemals verkauft werden, auch wenn der Liebhaberpreis für ein gut erhaltenes Rivaboot mehr als eine halbe Million betrug, wenn man den Gerüchten Glauben schenken konnte. Das durchdringend tiefe Geräusch der Riva Aquarama war typisch, ebenso wie die fugenlose, tiefrote Mahagonibeplankung des eleganten Bootskörpers. Es lag vor Limone im Hafen, da der nördliche Teil des Sees für private Motorboote gesperrt war. Sie hatte sich vorgenommen, mit ihrer Vespa zur Arbeit zu fahren, um auch in der Rushhour gut voranzukommen.

Doch heute war ihre Suche im Internet erfolglos. Sie schloss den PC und wandte sich zur Musiktruhe, auf der Barney ein Schläfchen hielt, und legte eine ihrer Lieblings-LPs auf. Sie hielt ein Zündholz an den Holzstoß im Kamin, den Paula wie üblich ab Herbst vorbereitete. Ab Januar war es mit diesem Verwöhnen vorbei, denn dann widmete sich Paula wieder ihrer Winterarbeit als Skilehrerin, bis sie im April erneut nach Riva zurückkehrte.

Eingewickelt in eine farbenfrohe Jacke aus feiner Alpakawolle, kuschelte Isabella sich auf ihr Sofa, um sich nun den Stellenangeboten in der Tageszeitung zu widmen. Dabei wurde sie begleitet von Sonatenklängen des Barockkomponisten Scarlatti, die aus der Musiktruhe glockenhell erschallten. Um diese elegante, aus rötlichem Palisander gefertigte Musiktruhe, die 1963 dank ihres damaligen modernen Designs in London beträchtliches Aufsehen erregt hatte, beneidete ihr Vater sie sehr. Mit seiner schlichten Kastenform passte dieses alte Designerstück in jede Umgebung. Es barg nicht nur ein mittlerweile ausgetauschtes, mit moderner Technik versehenes Radio, sondern vor allem einen Plattenspieler nebst Schublade für die Schallplatten. Ihr Chef hatte ihr das edle Teil zum Abschied geschenkt, nachdem sie ihm einmal verraten hatte, dass sie zwar fortschrittliche Technik liebte, beim Musikhören aber ausnahmsweise immer noch den altmodischen Plattenspieler gegenüber CD-Playern bevorzuge. Weihnachten, so hatte sie beschlossen, würde sie das Tonmöbel ihrem Vater weitergeben, denn der Umfang seiner Plattensammlung übertraf ihre noch bei Weitem, und er besaß ebenso wie sie vorher nur einen einfachen Plattenspieler, während das Palisanderholz einen herrlichen Klang erzeugte.

Ihre Füße ruhten geschützt von Chiaras handgestrickten, kratzigen Socken auf der bequemen gepolsterten Bank davor und animierten Barney, der sein Schläfchen beendet hatte, sogleich zärtlich an der Wolle zu zupfen, wie er es liebte, weswegen Chiara auch längst von teuren flauschwollenen Abstand genommen hatte und nur noch robusteren Exemplaren vertraute.

Diese Bank war für alles Mögliche gut: Zum Absetzen eines Tee-Tabletts, zum Deponieren diverser Landhaus-Zeitschriften und eben auch zum Ablegen der Füße neben dem liebevollen Barney, der diese Bank zu seinem zweitliebsten Möbel erkoren hatte, neben dem Plätzchen unter dem altertümlichen Küchenherd, der mit Holz betrieben wurde. Hier ruhte er schnurrend, wenn sich Isabella in das Zimmer zurückzog – sofern er nicht irgendwo in den zahllosen Räumen und Gängen des Hauses schlicht umfiel, um an Ort und Stelle eines seiner zahlreichen Schläfchen abzuhalten. Das Ganze in manchmal grotesken Verwinkelungen, die ihnen noch heute oft ein Lächeln hervorriefen. Barney war eine reine Hauskatze, wozu alle sich nur beglückwünschten. Nie hatte er scheinbar den Wunsch verspürt, die Welt da draußen zu entdecken. Gut so.

Wie gewöhnlich hatte Isabella die bejahrten Vorhänge aus grünem Damast, der immer noch einen wunderbaren Schimmer aufwies, nicht zugezogen – unnötig bei ihrem ohnehin nicht einsehbaren Zimmer. Ihr bot sich von hier aus ein überwältigender Blick auf den Park mit seinem seltenen, teilweise monumentalen Baumbestand. Ganz besonders zogen der beinahe vierzig Meter hohe Tulpenbaum, der auf seinem meterhohen halbkugeligen Fundament aus Wurzelwerk Halt fand, sowie die Libanon-Zeder, beide die ältesten Veteranen im Park, immer wieder die Aufmerksamkeit der Besucher von der Seeseite auf sich.

Trotz des frühen, hellen Nachmittags warf die altmodische Stehlampe bereits ihr warmes, orangefarbenes Licht auf Isabellas Sofaplatz, wobei fast alles in diesem Gutshaus alt und somit altmodisch war. Von oben vernahm sie das vertraute Knarren der Holzböden. Man war aufgewacht, dachte sie, denn die Siesta war ein Ritual, dem sich alle Bewohner unterzogen – sofern sie nicht außer Haus arbeiteten. In den oberen Zimmern wohnten Elisa, sechzig Jahre alt, die als Hauswirtschafterin fungierte, und Paula, zweiundsechzig, die als Gärtnerin Thibault zur Hand ging und im Winter immer noch als Skilehrerin in Madonna di Campillo arbeitete. Sie als Angestellte des Hauses zu bezeichnen wäre so, als titulierte man die Hofdame der Queen ein Dienstmädchen. Sie lebten in der Villa seit dem legendären fünften April 1980, als Chiara entschieden hatte, dass erstens der Franzose Thibault der Mann ihres Lebens werden würde und zweitens die beiden Frauen, die das Schicksal bereits arg gebeutelt hatte, bei ihr das riesige Haus bewohnen durften. Chiara und die Großeltern kannten beide Frauen schon zwei Jahre, da sie stets im Winter nach Madonna reisten und bei Paula immer privaten Skiunterricht genossen hatten, während Elisa einen kleinen Andenkenladen betrieb. Paula hatte nach zweijähriger Ehe erfahren müssen, dass ihr Mann sie nicht nur vor der Ehe, sondern auch während dieser schamlos mehrmals betrogen hatte. Und Elisa hatte feststellen müssen, dass ihr Freund sich mitsamt ihren Einnahmen aus der Saison verdünnisiert hatte, und hatte sich von diesem seelischen und finanziellen Schock noch nicht erholt.

Nach dem Lawinenunglück wohnten sie also in Riva. Zwar bezogen Paula und Elisa ein Gehalt, doch war ihnen zudem auf Lebenszeit ein Wohnrecht zugestanden worden. Kost und Logis waren frei, versteht sich. Im Laufe der Jahrzehnte hatte sich dieser Entschluss Chiaras, die sich seit ihrer Geburt als willensstarke Persönlichkeit stets durchzusetzen im Stande zeigte, als eine wahrhaft göttliche Entscheidung herausgestellt, wie alle uneingeschränkt zustimmten. Allerdings musste man sagen, dass ihre Eltern damals die drei Freunde ohnehin mit offenen Armen aufgenommen hatten.

Oben unter dem Dach gab es neben den zwei Zimmern der Frauen, ihrem gemeinsamen Wohnzimmer und dem Bad noch ein Gästezimmer, das im Laufe der Jahre gern und oft genutzt worden war. Mittlerweile diente es jedoch als Abstellkammer, seitdem es durch das Dach bei Regen so stark tropfte, dass es zu Paulas und Elisas Arbeiten gehörte, die Eimer zu inspizieren und bei Bedarf zu leeren. Natürlich hatte die Reparatur des Daches höchste Priorität.

Ja, die Hauswirtschafterin und die Gärtnerin waren in der Tat nicht nur Freunde, sondern geliebte Familienmitglieder. Ihre Arbeit beinhaltete nicht nur die hauswirtschaftlichen Belange Elisas und gärtnerischen Aufgaben Paulas, sondern auch das Reparieren des Oldtimers, einen Peugeot von 1990.

Paula besaß umfassende Kenntnisse von eigentlich allem, befand Chiara, die diese Fähigkeiten außerordentlich schätzte, denn wie sie selbst offen bekannte, war sie zu nichts anderem nütze, als eine Tochter in die Welt zu setzen und ihren Mann bei Laune zu halten. Wogegen man nur halbherzig Einspruch einlegte. Es war Chiara, die in Fällen von Meinungsverschiedenheiten als sanfte Diplomatin auftrat, wobei diese Sanftheit über ihre Willensstärke hinwegtäuschte, und die zu allen Nachbarn einen freundschaftlichen Umgang pflegte, der jährlich in einem gemütlichen Weinfest gipfelte, wenn sich die Touristen vom Acker gemacht hatten. Da sie das Herz auf der Zunge trug, bestand auch kein Grund zu Neid, denn jeder wusste um den maroden Zustand des Hauses und um die Kosten, die eine Totalrenovierung mit sich brachte. Außerdem war jedem klar, dass Thibault zwar wunderschöne Bilder malte, er jedoch allein in den Sommermonaten das Geld fürs ganze Jahr verdienen musste, um mit der Familie den Winter zu überstehen, in dem die Gäste nur noch vereinzelt eintrafen.

Der Ostflügel war nicht nur wegen des Turms ein wenig eigenwillig verbaut. Isabellas Großmutter hatte zu ihrer Zeit nur das unterste Turmzimmer für sich beansprucht und auf eine Treppe hinauf zu den zwei anderen Räumen verzichtet, da sie nicht schwindelfrei war und somit die Zimmer nicht nutzen würde. Dieser Turm war an drei Wohneinheiten angebaut worden, an die Erdgeschosswohnung mit separatem Eingang und die weiteren zwei Etagen mit je einem Zimmer.

Bei dem Gästezimmer, das dringend für Familienbesuche benötigt wurde, war rasches Handeln vonnöten, denn mittlerweile war es selbst Familienmitgliedern nicht mehr zuzumuten, in diesem Zimmer der Gefahr einer Sturzflut ausgesetzt zu sein. Und obwohl Paula und Elisa nicht klagten, war zu vermuten, dass es auch bei ihnen ab und an hereinregnete. Mithin war das komplette Dach zu erneuern – eine kostspielige Angelegenheit.

Das Bad, das man im Sommer für Isabella hatte installieren lassen, war ein zauberhafter, trotz seiner Größe sehr feminin eingerichteter Raum. Mit seinem Kristalllüster, dessen Licht im Kupfer der Badewanne schimmerte – ihr einziger Luxus, dessen Preis sie ihren Eltern in Anbetracht der kostspieligen weiteren Renovierung verschwiegen hatte –, animierte es den Badenden zum Träumen. Mit seiner bequemen Liege, die unter dem Fenster zum Garten zum Ruhen einlud, war es wie gemacht, um bei der Musik aus dem modernen tragbaren Player, den Emanuele ihr beim letzten Weihnachtsfest geschenkt hatte, nach einem anstrengenden Tag zu entspannen. Außerdem stand hier im Trockenen – welch angenehmes Attribut – ein Kleiderschrank, in dem vier weitere Gäste hätten übernachten können und der nicht nur die Handtücher und die Bettwäsche aus Jahrzehnten beherbergte, sondern auch Isabellas »begehbare« Garderobe geworden war.

Neben ihrer Wohnung lagen die Räume von Chiara und Thibault – das Bad und ihr Schlafzimmer, in dem er bei schlechtem Wetter am Schreibtisch unter dem Fenster seine Miniaturen vom Gutshaus und dem Garten zu Papier brachte.

Der größte Luxus des Hauses war neben der Anschaffung eines supermodernen Herds der Internetanschluss, den Isabella durchgesetzt hatte – wenn auch unter Protest ihrer Eltern. Sie hatte sie mit Mühe dazu gebracht, einfache Handys zu benutzen. Smartphones lehnten sie kategorisch ab, ebenso wie Paula und Elisa. »Ich will doch nicht Probleme mit meiner Halswirbelsäule bekommen, wenn ich wie die anderen ständig mit gesenktem Blick meines Weges gehe«, hatte Thibault gemeint, worauf Chiara ihm heftig nickend zustimmte.

Dies waren also zwingend nötige Umbaumaßnahmen gewesen, die allerdings auch den Rest des Ersparten gekostet hatten. Für weitere bitter nötige Sanierungen, wie dem Dach, konnten sie nicht bis zur nächsten Sommersaison warten, wenn ihr Vater seine Bilder veräußerte. Es musste jetzt Geld ins Haus. Und zwar viel Geld, denn das Gutshaus – sie liebte es wie eine Mutter ihr Kind – verfiel still, allerdings mit Stil. Thibault und Chiara gaben sich alle Mühe, es für die Nachwelt zu erhalten. Wenn es auch in ihrer Familie keine Nachfahren mehr gab, weder durch Isabella noch möglicherweise durch ihren Cousin John, der, so sinnierte sie, es auch nie zu solchen bringen würde. Sie erinnerte sich daran, wie er in seinen zum Glück seltenen Ferienaufenthalten bei ihnen ihre kleine Freundin gequält hatte, die wegen einer Kinderlähmung leicht hinkte und bei den schnellen Spielen im Park nicht immer hatte mithalten können.

Von ihrem gemeinsamen Einkommen vermochten sie bisher auch gut als fleißige Selbstversorger zu leben. Dem Park zwackten sie eintausendfünfhundert mit einer stabilen Mauer umsäumte Quadratmeter Land für ihren Bauerngarten ab, dessen

Ertrag den größten Teil ihrer Nahrungsmittel abdeckte. Diese Abtrennung schuf ein für das Wachstum außerordentlich förderliches Mikroklima, wie sie festgestellt hatten.

3

Isabella nahm von der köstlichen Schokolade mit Nuss, während ihre Augen die wenigen Stellenangebote überflogen. Im Februar wurde sie vierzig und war somit noch nicht alt, aber auch nicht mehr ganz jung. Momentan gab es für sie in jedem Büro die Möglichkeit, ihre Fähigkeiten zu beweisen, und so war sie nicht gerade von Existenzängsten geplagt. Zu unnötigen Ängsten neigte sie ohnehin nicht. Schließlich lebten sie, wenn auch nicht in Saus und Braus, so auch nicht in nackter Armut, obwohl sie immer gezwungen gewesen waren, sich einzuschränken. Natürlich gab es in dem alten Gutshof, der er einmal gewesen war, einige Antiquitäten. Die jedoch waren alle in die Jahre gekommen und nicht sonderlich wertvoll. Wahrscheinlich war das Gemälde im Flur noch das Wertvollste, was sie besaßen: *Le due madri*, von Giovanni Segantini. Es zeigte eine Mutter mit Kind, gefolgt von einem Schaf und dessen Lamm, das besonders Chiara sehr am Herzen lag. Nun, dieses würde nur in der Not in fremde Hände fallen, ebenso wie ihr Rivaboot. Sie, Isabella, war eine Frau der Tat und würde alles daransetzen, spätestens im Januar eine neue Stelle anzutreten. Natürlich nur eine Festanstellung und die zu einem anständigen Honorar. Sie sah nicht ein, dass sie mit einer halben Stelle die gleiche Arbeit verrichten sollte wie eine Ganztagskraft, und dies dann zum halben Gehalt. Sie war doch nicht blöd! Blöd war sie vielleicht nur in der Liebe.

Sie atmete zweimal tief durch, dann hatte sie sich wieder in der Gewalt, und es gelang ihr, die Tränen zurückzuhalten. Männer waren wichtig im Leben einer Frau. Dann und wann. Eine bezahlte Arbeit jedoch war überlebenswichtig. Immer. Somit galt es zu überlegen, wie sie ihre Bewerbung aufsetzen könnte. Sie hatte eine private Handelsschule besucht und konnte sich als Übersetzerin, Sekretärin und Auslandskorrespondentin bewerben. Wenn auch nicht als IT-Genie, so doch mit fundierten Kenntnissen in sämtlichen geläufigen Programmen. Sie beherrschte das Schreiben mit Zehnfingersystem blind und verfügte zudem sogar noch über ansehnliche stenografische Kenntnisse, da die Eilschrift ihr Hobby war und sie als junges Mädchen davon geträumt hatte, in Wettschreiben ihr Können mit anderen zu messen. Ihr mathematisches Verständnis konnte als ausreichend bezeichnet werden, und die Grundlagen der Buchhaltung machten ihr keine Probleme, schließlich kümmerte sie sich seit drei Jahren um die finanziellen Belange des Hauses, die ihre Eltern erleichtert in ihre Hände gelegt hatten. Mit anderen Worten: Alle Wege standen ihr offen – sofern sie nicht allzu weit wegführten. Denn das würde ihr erlauben, ihre Vespa zu benutzen und auf den Peugeot zu verzichten, der ihrem Vater, je älter er wurde, umso mehr ans Herz wuchs, hielt dieser Oldtimer ihn doch mobil und unabhängig. Manchmal dachte Isabella über den Verkauf des Wagens nach, denn wie sie im Internet entdeckt hatte, zahlte man mittlerweile für Automobile der alten Art stattliche Summen, was vielleicht die Reparatur des Daches ermöglichen würde. Doch sie wusste, dass dies nur der letzte Ausweg war und ihrem Vater das Herz aus dem Leib reißen würde.

Gestern erst hatte sie einen radikalen Einschnitt vornehmen und sich beim Friseur eine stylische Pixie-Frisur schneiden lassen, sehr zum Entsetzen ihres Vaters. Davor reichte ihr Haarwust bis weit über die Schultern. Ihr neuer Haarschnitt würde wahrscheinlich auch Emanuele in Ohnmacht fallen lassen. Ihr vormals langes, lockiges Haar hatte sie im Beruf immer hochgesteckt getragen, und diese Frisur saß auch nur nach Einsatz von drei Dosen Haarspray. Sie passte allerdings perfekt zu ihrem strengen Charakter, überlegte Isabella, schonungslos und offen zu sich selbst wie zu ihren Mitmenschen. Sie warf einen Blick in den verschnörkelten Wandspiegel. Mochten Emanuele und ihr Vater weinen – der Kurzhaarschnitt verjüngte, da biss die Maus keinen Faden ab. Insgesamt mochte sie ihr Äußeres, das natürlich einige Macken aufwies, aber wer hatte die nicht? Was an ihrer Nase zu viel war, fehlte an Größe ihren Augen, die dunklen Schlitzen glichen. Gut, einen Pluspunkt gab es noch: Wenn sie lachte, verlor sie alles Strenge. Dann sah sie wirklich lustig aus, was unter anderem auch an den Sommersprossen auf der Nase, die dort reichlich Platz fanden, und ihrem großen Mund mit den vollen Lippen lag, den sie wirklich mochte – schon aus praktischen Gründen. Ja, sie war ernsthaft und komisch zugleich, gerade in der richtigen Mischung, und betrachtete die Dinge gern von ihrer heiteren Seite – wenn sie nicht gerade unter Liebeskummer litt wie momentan, befand sie.

Ihre Figur umrissen jene, die nicht zu ihren Freunden zählten, kurz und knapp mit Bohnenstange. Sie gab ihnen recht, doch auch ihre magere Gestalt war nicht übel. Sie hatte eine Figur wie ein Model, besaß aber leider eben nicht deren traurige Riesenaugen, die jedes Männerherz zum Schmelzen brachten. Das Einzige, das sie aber wirklich gerne hätte ändern wollen, waren ihre kräftigen Hände und Füße, seufzte sie innerlich. Nein, trotz ihrer Magerkeit – ein zierliches, scheues Reh war sie nicht. Weder scheu noch Reh. Sie war nicht nur körperlich, sondern auch seelisch handfest und von Dauer, mutig obendrein.

Alles klar, dachte sie, wenn das mit der Assistentin nicht klappt, wirst du dich als Rausschmeißerin in einer Bar bewerben.

Gerade, als sie beschloss, sich hinzulegen und sich ihrer Trauer über den gleichgültigen Verlobten Emanuele hinzugeben, fiel ihr Blick auf eine der größten Anzeigen des Sonntagsblattes: *Suche kompetente Privatsekretärin, mit sehr guten*

Computer-Kenntnissen, einschließlich guter Fremdsprachenkenntnisse in Deutsch, Englisch und Französisch, flexibel, reisebereit und unabhängig. Subito! Vincenzo Collani

Trotz ihres Kummers musste Isabella grinsen, als sie diese Annonce las. Man sah den Inserenten geradezu vor sich, kaum dass man die Zeilen zu Ende gelesen hatte – kurz, knapp, exakt in seinen Ausführungen. Ein Mann, der wusste, was er wollte. Ein Mann nach ihrem Geschmack. Allerdings klang er ein wenig hart. Doch war sie nicht soeben zu dem Schluss gekommen, dass sie hart im Nehmen war? Zur Rausschmeißer-Boxerin geboren? Na also. Nichts wie hin, zumal die Arbeitsstätte im nur knapp zehn Kilometer entfernten Limone sul Garda läge.

Mit vor Aufregung klopfendem Herzen trat sie an den Schreibtisch mit dem PC. Doch gerade, als sie mit dem Bewerbungsschreiben beginnen wollte, rief Elisa von unten zum Tee durch die altmodische Sprechanlage, die die Zimmer des Hauses miteinander verband.

»Ich komme«, rief Isabella zurück und verließ ihr gemütliches Wohnzimmer, die Treppe hinunter, dann rechts den kühlen Flur entlang in die Küche. Verführerischer Duft stieg ihr in die Nase und ließ ihr das Wasser im Munde zusammenlaufen.

In der Küche saßen wie jeden Tag um fünf ihre Eltern sowie Elisa und Paula.

»Elisa hat mal wieder den besten aller Teekuchen gebacken«, erklärte ihr Vater mit roten

Wangen und strahlenden Augen. »Ich finde, dass er immer einen Tag später noch besser schmeckt.«

Morgens war er wie üblich am Sonntag nach dem Kirchgang mit Chiara gemächlich an der Seepromenade, die zu einer der schönsten am Lago zählte, hinein in die Arkaden geschmückte Altstadt spaziert, um den Rundgang in einem hübschen Café auf der Piazza III Novembre gleich am Hafen zu beenden, in dem man jetzt, nach dem Ende der Saison, weitere Einheimische antraf.

»Ja, Elisa, Papa hat recht.« Isabella lächelte, und ihre Mutter Chiara stimmte ihr nickend zu. Isabella atmete tief ein und aus. Ja, dies war ihr Hafen, mochte die See auch noch so schwer sein. Hier war sie geborgen. Sie liebte ihre kleine Familie und hatte nie den Wunsch gehabt, irgendwo anders zu leben.

Auf dem gusseisernen Herd an der Wand, in dessen Backofen ein komplettes Schwein gepasst hätte, kochte und buk Elisa. Gleichzeitig spendete er der Küche und dem angrenzenden Speisezimmer wohlige Wärme. Allerdings wurde er aus diesem Grund natürlich nur im Winter benutzt. Zudem war der warme Steinboden darunter einer der Lieblingsschlafplätze Barneys. Im Sommer hingegen genoss der Kater die angenehme Kühle des Natursteins.

Dem altmodischen Herd stand jedoch seit Neuestem eine überwältigende Konkurrenz zur Seite: ein ultramoderner Elektroherd mit allem Pipapo, einschließlich selbstreinigendem Backofen mit integrierter Mikrowelle, gekrönt von einer Induktionskochplatte. Dieser war schon zu Beginn der Renovierungsarbeiten auf Elisas schüchternen Wunsch erstanden worden, noch bevor Isabellas Bad in Angriff genommen wurde – was jedermann akzeptierte, denn was gab es Schöneres als Elisas Hochgenüsse? Zudem musste man eine exzellente Köchin wie sie hegen und pflegen, befanden sie einhellig. Diesen Rolls Royce unter den Öfen zu bedienen, hatte allerdings allen Familienmitgliedern, mit Ausnahme Isabellas, höchste Konzentration und einiges an Nervenkraft abverlangt, doch Elisa hatte darauf bestanden.

In der Küche nahmen zwei große Buffets die Porzellansammlung mehrerer Jahrzehnte auf, und natürlich führte eine Tür zum Nutzgarten, neben der ein mächtiger Doppelspülstein die Gartenernte anschließend zum Putzen aufnahm.

»Mama, wie geht's deinem Rücken?«, erkundigte sich Isabella.

»Ist noch dran«, antwortete ihre Mutter gleichmütig und nahm genießerisch einen Schluck Darjeeling, den sie immer dem aromatischen italienischen Kaffee vorzog.

»Und du, Paula? Ist deine Bronchitis besser geworden?«

»Spür ich nix mehr von.«

»Und die Schwäche? Hat sich dein Kreislauf mittlerweile gebessert?«

»Bis jetzt bin ich jedenfalls noch nicht aus den Pantoffeln gekippt.«

»Papa, und du? Nimmst du auch täglich deinen Blutverdünner, wie es dir der Arzt angeraten hat?« Sie blickte ihn mit ernster Miene aufmerksam an. Natürlich lag jetzt ein rosiger Schimmer auf seinen Wangen, schließlich hatte er gemeinsam mit Paula eben noch Laub gekehrt, sodass seine hellblauen Augen blitzten. Sein weißer Haarschopf stand ihm wie üblich nach allen Seiten ab. In den letzten Monaten hatte er ein wenig abgenommen, aber nur dank Elisas strikter Diätgerichte am Abend, die sie trotz der Proteste Chiaras und Thibaults, die beide gerne gut aßen und zur Rundlichkeit neigten, vor allem auf Anraten des Doktors durchgesetzt hatte.

»Kannst du mir mal sagen, was deine Fragerei soll?«, stellte Thibault die Gegenfrage.

»Ich sorge mich eben um euch. Also, hast du oder hast du nicht?«

»Er nimmt sie, wenn ich sie ihm auf den Teller lege«, antwortete Chiara an seiner Stelle.

»Aha, dacht ich's mir doch«, rief Isabella. In der Tat war sie immer noch ein wenig besorgt um ihren Vater. Am Anfang des Jahres war er nach der Gabe eines starken Antibiotikums gegen eine Blasenentzündung so schwer erkrankt, dass sie sich ernste Sorgen machen mussten. Nicht nur körperlich erfolgte ein totaler Zusammenbruch, sondern ebenfalls ein seelischer, der sich in besorgniserregenden Angstzuständen zeigte, die er erst nach langem Klinikaufenthalt überwand. »Wenn ich nicht an alles denken würde.«

»Oder wir«, bemerkte Paula spitz, und selbst Elisa, die normalerweise nichts leicht auf die Palme brachte, presste die Lippen fester aufeinander.

»Natürlich, Paula, entschuldige. Aber ich frage nur, weil ich heute in der Zeitung eine interessante Stellenanzeige gelesen habe. Ich wollte mich bewerben und denke, dass meine Chancen sehr gut stehen.«

Elisa blickte hoch und sah sie lächelnd an. Sie war eine Frau, der man nicht nur dank ihrer Vitalität, sondern auch angesichts ihrer faltenfreien Haut ihre sechzig Jahre kaum glauben mochte. Was sie, nach eigener Einschätzung, zum einen ihrem ausgeglichenen Wesen und zum anderen ihrem erfüllten Zusammenleben mit den anderen Hausbewohnern verdankte. Und wohl auch der Tatsache schuldete, dass sie die Sonne, Alkohol und Zigaretten mied wie der Teufel das Weihwasser, während Paula die Schneewittchenhaut der Freundin lediglich den guten Genen zuwies.

»Ein neuer Job?«, rief Chiara. »Wunderbar. Erzähle!«

Und das tat Isabella. »Obwohl ich mich ja erst noch bewerben muss, aber ich bin guten Mutes.«

»Und wieso sorgst du dich dann um unsere Gesundheit?«

»Wenn ich möglicherweise einmal auf Geschäftsreise bin, müsste ich sichergehen, dass hier alles in Ordnung ist«, antwortete Isabella mit zusammengekniffenen Brauen.

»Na hör mal, meinst du, der Laden hier läuft nur dank deiner Hilfe?« Elisas braune Augen, die normalerweise so sanft schauten, funkelten gefährlich.

Und auch Paulas Zornesfalte auf ihrem ohnehin schon recht runzeligen Gesicht vertiefte sich.

Isabella legte rasch die Hand auf den Arm der Älteren. »Um Gottes willen, nein, ich sorge mich halt nur um euch.«

»Wir sind zwar nicht mehr taufrisch, aber auch noch lange keine alten Knacker. Wir kommen sehr gut ohne dich klar«, wies ihr Vater sie zurecht.

»Exakt«, knirschte Paula. Sie war fast einen Kopf größer als Elisa und viel zäher, was sie natürlich ihrer Gartenarbeit in der frischen Luft und ihrem Sport im Winter zuschrieb. Im Gegensatz zu Elisa, deren Gesicht rund war wie die Tomaten, die sie jährlich in Überzahl aus ihrem Garten ernteten, war ihres kantig und viereckig wie der kurze Bob mit Pony, den sie seit über fünfzig Jahren trug. Das Bemerkenswerteste an ihr war der große Mund. Und ihr herzhaftes Lachen. Leute, die dieses Lachen zum ersten Mal hörten, erschraken meist. Ihre Stimme war stets ein wenig zu laut und sehr tief. Seit fast zwanzig Jahren rauchte sie nicht mehr, trotzdem klang sie immer noch heiser, als hätte sie die Nacht durchgezecht. Keine Seele konnte den Blick von ihr wenden, wenn die Fröhlichkeit aus ihr herausplatzte. Dann gab es niemanden, den ihre pralle Heiterkeit nicht in seinen Bann zog. Was man allerdings auch erleben konnte, wenn ihr Zorn aus ihr herausbrach.

»Ihr seid also der Meinung, ich sollte mich tatsächlich bewerben?«, versicherte Isabella sich.

»Mais oui«, sagte ihr Vater, der immer ins Französische fiel, wenn ihn etwas stark erregte.

»Aber unbedingt«, stimmte ihm Chiara mit ihrer melodiösen Stimme zu.

»Ich bin ja mal gespannt, wie der Mann aussieht. So, wie die Annonce sich anhört, könnte er ein ebensolcher Grantler wie mein alter Chef sein.«

»Und wenn«, sagte ihre Mutter optimistisch. »Dem hast du doch auch recht bald die Flötentöne beigebracht.«

»Sicher. Aber er war seit dreißig Jahren verheiratet und hatte gelernt, zu schweigen und gute Ratschläge von uns Frauen anzunehmen.«

»Ein Blick von dir, so wie du mich manchmal ansiehst, wenn ich es wage, zu schwer zu tragen, und der Mann hält seine Klappe, sollte ihm sein Leben lieb sein. Da bin ich mir ganz sicher«, dröhnte Paula.

Alle lachten. »Ich werde ihn ausnahmsweise strahlend anlächeln, und dann wird er mir zu Füßen liegen«, grinste auch Isabella.

»Ich freue mich, dass du so zuversichtlich bist«, sagte ihr Vater. »Denn die einzige Bewerberin bist du sicherlich nicht.«

»Nein, aber die beste vielleicht«, entgegnete seine Tochter, gesegnet mit dem Optimismus ihrer Mutter und deren bärenstarken Nerven. »Außer, es käme eine Jüngere, Hübschere daher, dann stünden meine Karten nicht so gut«, warf sie ein.

Chiara stellte so energisch die zarte Tasse von Spode – ihr bestes und teuerstes Porzellan – ab, dass Isabella befürchtete, sie würde auf dem Unterteller zerbrechen. »Wieso hübscher? Du ziehst dein gutes hellgraues Kleid mit dem kurzen Jäckchen an. Das macht dich elegant und gediegen. Da kommt kein hübsches Kleinmädchengesicht gegen an.«

Isabella zögerte. »Aber Hosen stehen mir viel besser.«

»Hör einmal nur auf den Rat deiner Mutter. Beim ersten Gespräch macht sich ein Kleid oder ein Rock besser. Glaub mir«, befahl Chiara kategorisch. »Außerdem mildert es etwas deinen neuen radikalen Haarschnitt. Ich könnte dir auch ein Kostüm von mir leihen, wenn du nichts Gescheites besitzt.«

Alle grinsten.

Isabella enthielt sich eines Kommentars. Sie hatte die sehr schlanke Figur ihres Großvaters geerbt, hingegen Chiara zu ihrem großen Bedauern die Fülle ihrer Mutter. Das Graue war ihr Kleid für alle Fälle gewesen, vor allem für formelle Einladungen im Beruf. Sie besaß es seit fünf Jahren und es stand ihr. Es machte sie nur ein wenig langweilig. Was aber vielleicht gerade für das Bewerbungsgespräch einen Vorteil bedeutete. »Du hast recht. Das werde ich anziehen.« Oder mir ein billiges neues kaufen, sinnierte sie.

Jetzt bereute sie es, dass sie Emanueles Angebot zu ihrem Geburtstag, ihr ein neues Kleid zu schenken, ausgeschlagen hatte. Aber sie ahnte, dass er mit ihr nur vor seinen Freunden hatte angeben wollen, und das hatte sie gereizt, abzulehnen. Schämen musste man sich mit ihr trotzdem nicht.

»Unsinn, was brauchst du ein neues Kleid. Dieses ist doch noch gut genug. Trage das rote Seidentuch und die schwarzen Stiefel dazu, und du bist eine Wucht!«

»Genau«, stimmte ihr Vater zu, der auf die Frage, wie das Kleid denn ausschaue, kaum eine Antwort hätte geben können.

Damit war das Thema erledigt. Isabella seufzte innerlich. Sie liebte das familiäre Beisammensein, doch manchmal war ihr die Heftigkeit, in der ihre Lieben mit guten Ratschlägen auf sie einwirkten, doch zu überwältigend. Auch Ratschläge waren Schläge, wer hatte diesen sinnigen Spruch nur in die Welt gesetzt? Aber, dachte sie innerlich grinsend, das bringt mich nicht aus der Fassung, schließlich bin ich im Laufe der neununddreißig Jahre nervlich gestählt.

Nach einer Viertelstunde ging Isabella zurück in ihr Zimmer, öffnete das Schreibprogramm vom PC und begann zu tippen. Sie stellte ihr Licht nicht unter den Scheffel. Ihr Arbeitszeugnis war exzellent, ihre Schulzeugnisse samt und sonders ebenso. Sie wusste aufzutreten und sich ihrer Figur gemäß zu kleiden. Sie besaß Stil und Feingefühl. Diskretion hatte sie mit der Muttermilch aufgenommen, konnte schweigen und war integer – die perfekte Privatsekretärin eben! Und abkömmlich wäre sie auch sofort. Wohin auch immer.

Sie hielt inne. Ihre Lieben hatten sich alle Mühe gegeben, sie davon zu überzeugen, dass sie ohne sie gut zurechtkämen. Aber taten sie das wirklich? Sie waren alle noch sehr rüstig, doch wer wusste, wie lange?

Sie schüttelte den Kopf. Egal. Heute ging es ihnen blendend, und alle konnten gut und gern ein paar Tage ohne sie auskommen, schließlich waren sie zu viert. Warum sich um eine Zukunft sorgen, die niemand vorausschauen konnte?

Voller Freude schrieb sie ihre Bewerbung zu Ende. Ein Foto scannte sie nach längerer Überlegung mit ein. Es zeigte sie als Endzwanzigerin, mit langen Haaren, doch sie fand, dass sie dank der kurzen Frisur so viel älter nicht aussah. Und wenn, es flunkerten doch alle mit ihren Altersangaben. Zufrieden druckte sie die Seiten aus.

Sie steckte die Unterlagen in den Umschlag, um sie zum Briefkasten zu bringen. Vielleicht war Signor Collani so altmodisch wie ihr Vater und schaute zuerst in die Post anstatt ins E-Mail-Konto. Doch dann besann sie sich anders. Ihr hoffentlich zukünftiger Chef wollte sie sofort – er sollte sie bekommen. Auf der Stelle. Gleich morgen früh würde sie sich auf den Weg machen und ihn in Limone aufsuchen.

4

Am Montagmorgen saß Vincenzo trotz des strahlenden Spätherbstwetters übel gelaunt in seinem Büro. Stirnrunzelnd betrachtete er die Stellenanzeige, die er telefonisch aufgegeben hatte. Da waren ja wieder einmal die reinsten Trottel am Werk gewesen. Hatte er nicht deutlich gemacht, dass er die Anzeige mittig und fett gedruckt wollte? Und wenn er mittig sagte, dann meinte er die Mitte des Blattes. Aber nein, sie war an den Rand gesetzt worden und das in stinknormaler Normalschrift, so unterschied sich die Annonce in nichts von den anderen langweiligen, die es zur Genüge gab.

Er war gerade im Begriff, zum Telefon zu greifen, als es an der Tür läutete. Er wartete ungeduldig, dass man öffnete, bis ihm einfiel, dass er Eva dummerweise gekündigt hatte, bevor eine Neue ihre Stelle einnahm. Aber er hatte Eva definitiv nicht mehr ertragen können, diese Heulsuse. Es war ganz wichtig, dass er der Neuen von Anfang an klar machte, dass sie sich nicht in ihn zu verlieben hatte. Sonst würde er sie umgehend wieder feuern. Ein weiteres Tränenmeer würde er nicht noch einmal überstehen, es sei denn, er legte sich eine Ehefrau zu, eine fiktive, die es nur in seiner Fantasie gab – als Rettungsweste, um nicht zu ertrinken. Möglicherweise war eine erfundene Gattin ohnehin die beste Ehefrau der Welt. Jawohl, als Nächstes würde er sich einen Ehering kaufen, einen breiten, der würde jede Frau überzeugen, jedenfalls jede anständige, sinnierte er.

Diese wichtige Bedingung wollte er noch als Nachsatz handschriftlich mit in den Vertrag aufnehmen, den er bereits von Eva hatte schreiben lassen – und zwar, dass sie sich nicht in ihn zu verlieben hatte natürlich, und nicht, dass er bereits vergeben war. Nun musste lediglich der Name der neuen Person eingesetzt werden. Und natürlich das Gehalt. Denn immerhin bestand die Möglichkeit, dass sie seine angedachte Summe noch unterbot, wenn sie ihre Gehaltsvorstellung preisgab.

Knurrend erhob er sich von seinem Bürostuhl und ging zur Tür, durchquerte das elegante Büro seiner ehemaligen Sekretärin und öffnete die Flurtür.

»Guten Morgen«, wurde er freundlich begrüßt. »Ich bin Isabella de Saint-Martin und komme wegen der Annonce in der Sonntagszeitung.«

Vincenzo seufzte. Ach, du liebe Güte. Erst vor einer halben Stunde aus dem Bett gefallen, hatte ihn der graue Alltag schon wieder in der Kralle, wo er doch ohnehin morgens einen Hieb mit dem Vorschlaghammer benötigte, um topfit zu sein. Und nach einem Abend mit seinem Sohn Paolo und dessen Mutter Elisabetta, bei dem es hoch hergegangen war, fühlte er sich noch weniger fit als sonst am Morgen. Sie hatten sich nicht gestritten – diese Zeiten gehörten, Gott sei Dank, der Vergangenheit an –, sondern hatten gefeiert. Die Musikakademie in Salzburg hatte den glücklichen Paolo aufgenommen. Elisabetta, seine Ex, war zwar traurig, dass ihr Herzblatt sie nun verließ, aber natürlich auch sehr stolz, dass sich die Träume ihres achtzehnjährigen Sohnes erfüllten. Nein, Paolo kam ganz und gar nicht auf ihn, was sich sehr früh abgezeichnet hatte. Trotz der Trennung der Eltern vor fünfzehn Jahren war er sehr behütet aufgewachsen, und Vincenzo hielt sich zu Gute, dass zwischen ihnen trotz seiner beruflichen Umtriebigkeit ein gutes und vertrauensvolles Verhältnis bestand. Er musste zwar einige Fehler in seinem Leben zugeben – unter anderem den, dass er Elisabetta kampflos gehen ließ, als sie ihr Herz an einen windigen Burschen verlor – doch mit seinem Sohn hatte er soweit alles richtig gemacht und seine musische Begabung nach Kräften unterstützt. Heute Morgen allerdings galt es erst einmal, seinen dicken Kopf zu wecken. Und zu allem Übel erschien jetzt vor dem ersten Schluck Kaffee – der Espresso zuvor zählte nicht, der war schlicht Medizin – die Neue, mit der er sich befassen musste. Sie kam ohne vorherige telefonische Anmeldung und sie kam zu früh. Minuspunkt für sie!

Er betrachtete sie ungeniert. Vor ihm stand eine Person, die genauso groß war wie er selbst und seinem Blick nicht auswich. Pluspunkt oder Minuspunkt? Das stand noch nicht fest, vor allem, da sie nicht einmal errötete, als er ihr intensiv in die Augen schaute, was nicht gerade selten vorkam, denn er konnte mit Fug und Recht von sich behaupten, dass seine Blicke Frauen umwarfen wie der letzte Frühjahrssturm die Wälder in den Bergen. Also eher Pluspunkt in seiner jetzigen Situation.

Er senkte seinen Blick. Ihre Stiefel blitzten. Gott sei Dank. Nachlässige Kleidung konnte er tolerieren. Menschen jedoch, die in ungeputzten Schuhen durch die Gegend liefen, waren ihm ein Gräuel.

Sein Blick wanderte langsam hinauf. Teufel noch mal, war diese Person mager. Minuspunkt, schoss es ihm durch den Kopf, nachdem er bemerken musste, dass auch ihre Weiblichkeit eher an Kindlichkeit herankam, was natürlich auch nicht anders sein konnte. Er hatte selten eine überschlanke Frau in Händen gehabt oder auch nur eine gesehen, die einen anständigen Busen und einen gemütlichen Hintern vorweisen konnte. Wahrscheinlich ging sie jeden Tag in die Muckibude, damit die letzte Spur Weiblichkeit auch noch dem angestrebten Sixpack Platz machte. Doch das hatte ihn in diesem Fall nicht zu interessieren. Hauptsache, sie hatte keine Haare auf den Zähnen.

Er verkniff sich ein Lächeln. Gut, dass die *künstliche Intelligenz* noch nicht vollends überall in den Häusern als Monster-Computer durch die Gänge wackelte, oder schlimmer noch, sich in Brillen versteckte, mit der fragwürdigen Möglichkeit, Gedanken zu lesen, sonst würde ihm die Frau jetzt eins mit dem Nudelholz über den Kopf geben, angesichts seiner, wie ihm wohl klar war, frauenfeindlichen Gedanken.

Er blickte geradewegs in die Augen der Frau, sofern man die dunklen Schlitze Augen nennen wollte. Wieder zuckte sie mit keinem Wimpernschlag. Von Kindlichkeit keine Spur. Die Frau, die sich bei ihm bewerben wollte, war eine gestandene Erwachsene mit Erfahrung und Selbstsicherheit. Er schwankte, ob er das als Pluspunkt oder doch lieber als Minuspunkt geltend machen sollte. Er flog auf helle Kulleraugen. Eindeutig Minuspunkt!

Ihre – noch verbliebenen – Haare waren tiefschwarz. Das Wort Frisur konnte man sich bei dem Schnitt schenken.

»Kommen Sie rein.« Der Klang seiner Stimme ließ niemanden darüber im Unklaren, dass er hier der Chef und nicht etwa der Bürodiener war. Er drehte sich um und ging ihr voraus durch das Sekretariat in sein Büro. Es wirkte mit den stilvollen Regalen, dem dunklen Schreibtisch mit der grünen Schreibunterlage aus Leder auf dem rostroten Perserteppich, den duftigen Gardinen, die bis auf den Parkettboden reichten, und den schweren grünen Vorhängen, die die Hitze des Sommers und neblige Kühle des Lago ausschlossen, sowie der altmodischen Leuchte mit dem grünen Schirm, die die Lederoberfläche des Schreibtisches ausleuchtete, so behaglich, dass man hätte meinen können, sich im privaten Arbeitszimmer eines Signore zu befinden, statt im Büro eines Managers, der von hier aus einige luxuriöse

Hotelanlagen auf der ganzen Welt befehligte. Okay, in einem Büro aus den Sechzigerjahren, schmunzelte er innerlich. Modischen Chic hatte er zur Genüge in seinen zahllosen Hotels. Hier bei sich zu Hause liebte er es gemütlich. Es tat gut, wenn sich wenigstens bei ihm nichts veränderte und die Zeit stehen geblieben schien.

»Dankc«, sagte die Frau.

Die Piepsstimme, die er bei ihrer Magerkeit befürchtet hatte, fehlte zum Glück. Pluspunkt! »Setzen Sie sich!«

Die Frau gehorchte. Er ging nach nebenan, füllte Wasser in den elektrischen Kocher und stellte ihn an. Dann löffelte er Kaffee in den Filter und trug zwei Kaffeetassen in sein Büro. Zucker stand wie üblich bereits auf seinem Schreibtisch. »Mit Milch oder ohne?«

»Kaffee oder Tee?«, stellte sie die Gegenfrage.

»Kaffee. Tee ist, scheint's, ausgegangen.«

»Schwarz bitte.«

Er ging erneut hinaus. Das Wasser kochte bereits, und er goss es in den Filter. Dann gab er Leitungswasser in zwei Gläser und trug sie in sein Büro.

Die Frau hatte sehr schöne Beine. Ihre Füße jedoch waren zierlich wie der Elefantenfuß hier in seinem Büro, den er hegte und pflegte wie die Mutter ihr Neugeborenes, was diese robuste Pflanze allerdings nicht nötig hatte, denn sie war anspruchslos.

Das geschah alles, ohne dass er ein Gespräch in Gang setzte. Smalltalk am frühen Morgen war ihm ein Gräuel. Immer noch schweigsam, goss er die beiden Tassen voll.

»Was führt Sie zu so früher Stunde zu mir?«

»Ich komme wegen Ihrer Stellenanzeige.«

Er hob die Brauen. »Wieso, wenn ich fragen darf, erscheinen Sie dann unangemeldet? Ich hätte doch außer Haus sein können und dann wären Sie umsonst gekommen.«

»Ich las, dass Sie sofort jemanden benötigen. Sofort bedeutet bei mir sofort, und da bin ich«, erklärte sie mit sachlicher Stimme.

»Aber sofort bedeutet nicht zu nachtschlafender Zeit vor neun Uhr.«

»Der frühe Wurm fängt den Vogel.«

»Umgekehrt.«

»Pardon?«

»Der frühe Vogel fängt den Wurm. Ein blöder Spruch.«

»Natürlich.« Sie nippte am Kaffee.

Er schien ihr zu bitter, vermutete er, als sie einen Schluck Wasser hinzugab. Minuspunkt.

Ihre Hände waren im Gegensatz zu denen seiner früheren Sekretärin kräftig, dagegen gab es nichts zu sagen. Die Nägel waren kurz geschnitten und unlackiert, wie er es bevorzugte. Sie war mithin trotz ihrer Magerkeit nicht so ein ätherisches Geschöpf wie die Heulsuse. Von Neurotikerinnen hatte er wahrlich die Nase voll.

Wortlos maßen sich ihre Blicke. Sie blinzelte nicht, sie wich ihm nicht aus – Pluspunkt. »Was also wären Ihre Vorzüge?«

»Ich bin gut, um nicht zu sagen perfekt«, entgegnete sie, »ich meine als Ihre Sekretärin.«

Ihre Antwort kam wie aus der Pistole geschossen, war präzise und klar. Ein weiterer Pluspunkt! Aber sie war ein bisschen zu arrogant und ein bisschen zu sehr von sich eingenommen. Minuspunkt!

»Worin sind Sie perfekt – ich meine einmal davon abgesehen, dass Sie nicht wissen können, was ich von einer perfekten Sekretärin erwarte.«

»Ich meine damit, ich bin perfekt in allem.«

Er hob ironisch die Brauen. Als er sah, wie sie errötete, zum ersten Mal an diesem frühen Vormittag, verbuchte er das als Plus für sie.

»Ich meine in allen Büroarbeiten und natürlich in sämtlichen gängigen Computerprogrammen«, setzte sie hinzu.

»Menschlich gesehen also sind Sie unperfekt?«

Sie hüstelte verlegen, wobei der Kaffee in ihrer Hand leicht über den Tassenrand auf den Unterteller schwappte. Pluspunkt.

Sie stellte die Tasse zurück auf den Tisch. »Menschlich – nun ja … Das … das habe ich so nicht gemeint.«

»Was haben Sie gemeint? Genauer bitte.« Mit Vergnügen bemerkte er, wie sie unmerklich ihre vollen, schönen Lippen aufeinanderpresste. Also war sie doch keine Eisprinzessin, wie sie den Anschein gab. Gut so. Ein Pluspunkt für ihn.

Sie nahm ihre Mappe, öffnete sie und legte einen Stapel Papiere auf den Tisch. »Ich bin gewieft in allen Arbeiten, die in einem Sekretariat anfallen. Wenn Sie bitte schauen wollen. Ich habe alles beigefügt. Sämtliche Zeugnisse von der Schule bis zu meinem letzten Arbeitgeber und den Extrakursen, die ich in Deutschland und England besuchte.«

»Nichts als Schall und Rauch.«

»Pardon?«

Noch einmal das affige *Pardon* und sie war aus der Tür, ehe sie Au revoir hervorgebracht hatte! »Zeugnisse kann man fälschen. Ich verlasse mich nur auf meine Augen und Ohren. Und meinen Verstand«, fügte er zufrieden hinzu. »Auf den zumindest kann ich mich verlassen.«

Sie zuckte mit keiner Braue, kein Muskel in ihrem Gesicht bewegte sich. Alles an ihr war glatt wie Carrara-Marmor, mit Ausnahme der Sommersprossen auf ihrem Zinken und der sprühenden Schlitze, bei denen es einen wunderte, dass sie mit ihnen überhaupt etwas sehen konnte. Ihre Beherrschung konnte er nur bewundern. Pluspunkt!

Er nahm seinen Stift und einen Block. »Also noch mal von vorne: Wie heißen Sie?«

»Ich bin Isabella de Saint-Martin.«

Ihre Stimme klang derart nasal, dass er sich zurückhalten musste, um nicht aufzuspringen und ihr die Tür zu weisen, damit sie verschwand. Er warf den Stift von sich. »De Saint-Martin? Sie wollen mir damit nicht sagen, dass Sie eine Adelige sind.«

Sie hüstelte erneut, und er unterdrückte nur mühsam einen unflätigen Ausruf.

»Äh … warum fragen Sie?«, brachte sie, anscheinend endlich aus dem Konzept gebracht, heraus.

»Ich kann Adelige nicht leiden, diese affigen, reichen Snobs, die sich alle für was Besseres halten.«

»Pardon, nein, ich … Der Name de Saint-Martin ist der Name meines geschiedenen Mannes … äh … Ich werde natürlich meinen wieder ändern lassen.«

»Geben Sie mir Ihre Unterlagen.«

Sie ergriff hastig die Papiere, nahm rasch einige von ihnen aus dem Stapel und hielt sie vor die Brust, als wolle sie sie vor seinem durchdringenden Blick schützen.

Wortlos hielt er ihr die geöffnete Hand hin. »Ich meine alle Unterlagen.«

»Ich dachte, … meine Schulzeugnisse interessierten Sie nicht.«

»Jetzt schon.«

Widerwillig, wie er sehr genau registrierte, legte sie sie vor ihn auf den Tisch. Er nahm sie aus der Plastikmappe und ging sie wahllos durch. Täuschte er sich oder hatte ihre Stimme wirklich gezittert? In seinem langjährigen Geschäftsleben hatte er gelernt, auf solche winzigen Zeichen zu achten. Die Dame, die den Eindruck machte, als hielte sie einer Dampfwalze stand, hatte er tatsächlich mehr verunsichert als vermutet.

Irgendwas stimmte da nicht, aber das würde er schon herausfinden. Er ergriff die Schulzeugnisse, da segelte eines davon auf den Boden.

Sie erhoben sich gleichzeitig, um das Blatt aufzuheben, und stießen mit den Köpfen zusammen. Er nahm den Bogen in die Hand und griff sich mit der anderen an den Kopf.

»Sieger!«, rief er spöttisch aus. »Aber Ihr Schädel ist aus Granit.«

»Dafür kann ich nichts«, erwiderte sie mit heiserer Stimme. Sie hatte den Zusammenprall wenn auch mit hochrotem Kopf so doch ohne den kleinsten Mucks überstanden.

Er setzte sich wieder hin. Auch sein Gegenüber sank auf den Stuhl. Sie strich sich die Haare aus der Stirn, dabei bemerkte er, wie ihre Hände zitterten. Aha, also die Schulzeugnisse waren der Knackpunkt. Er blätterte sie schweigend durch, schaute genauer hin und da erkannte er, welchen Fehler sie begangen hatte.

Er warf die Zeugnisse lässig auf den Tisch, faltete die Hände und lehnte sich leicht zurück in seinen bequemen Schreibtischsessel.

»Hatten Sie eine Sondergenehmigung für Ihre kindliche Hochzeit?«

Sie antwortete nicht, doch er bemerkte, wie sich der Glanz in ihren Augen verstärkte.

»Mit acht Jahren bereits mit Herrn de Saint-Martin verheiratet, das nenne ich ein schweres Los. Soweit ich weiß, ist das selbst unter Adeligen nicht mehr Usus.«

Sie ergriff hektisch die Zeugnisse, raffte die anderen Papiere zusammen und stand vom Stuhl auf. »Ich denke, die Sache hat sich erledigt«, brachte sie wütend hervor. »Adieu.«

Erstaunt registrierte er, dass sie nicht etwa verlegen, sondern schlicht wütend war. Wieder einmal versetzte die Dame ihn in Erstaunen und das, wo sie sich doch erst so kurz kannten. Wobei *kannten* wohl zu viel gesagt war.

Sie ergriff ihre Handtasche, dabei segelten erneut einige Blätter auf den Boden. »Oh nein.«

Diesmal klang ihre Stimme so, als würde sie gleich in Tränen ausbrechen. Dies galt es zu verhindern. Er hatte den Satz kaum zu Ende gedacht, da war er bereits um den Schreibtisch herumgestürzt und hatte die Zeugnisse eingesammelt.

»Flucht ist nicht immer der beste Ausweg«, bemerkte er süffisant und hielt ihr die Unterlagen hin.

Der Blick, den sie ihm zuwarf, verlangte ihm Hochachtung ab.

»Ich sehe, dass ich mit Ihnen nur meine Zeit verschwende.«

Ihre Stimme hatte die Fassung wiedererlangt. Gottseidank.

»Reden Sie keinen Unsinn. Setzen Sie sich hin und erklären Sie mir, was hier eigentlich läuft.«

Sie zog die Brauen zusammen und herrschte ihn an: »Ich kann nicht mit jemandem zusammenarbeiten, der solche Vorurteile gegen andere Menschen hegt.«

»Holla, da sind Sie aber die Erste, die mir das vorwirft.«

»Dann wurde es höchste Zeit.«

»Lady, wenn wir ins Geschäft kommen wollen, sollten Sie Ihren Ton zügeln«, entgegnete er scharf. »Und jetzt bitte ich Sie inständig, setzen Sie sich hin und lassen Sie uns vernünftig wie zwei Erwachsene verhandeln.«

»Ich bin vernünftig.«

»Sie hatten soeben vor, mich zu betrügen.«

»Ich betrüge Sie nicht, wenn ich Ihnen vorspiele, dass ich demnächst wieder meinen Mädchennamen annehmen werde.«

»Darüber kann man streiten.« Leicht genervt deutete er auf ihren Stuhl und tatsächlich gab sie sich die Ehre und nahm wieder Platz. »Ich finde, eine kleine Entschuldigung wäre zumindest angebracht«, sagte er und trat wieder hinter den Schreibtisch. Lässig sank er in seinen bequemen Arbeitssessel. »Und jetzt geben Sie mir bitte wieder Ihre Papiere.«

Sie folgte seiner Aufforderung diesmal kommentarlos, wie er zufrieden bemerkte. »Sie waren also verheiratet und tragen jetzt wieder Ihren Mädchennamen de Saint-Martin. Es ist der Name Ihres Vaters? Habe ich bis hierhin alles richtig verstanden?«

»Ja. Aber ... aber er ist nur ein *Seigneur*, also ein Gutsherr, ein verarmter. Er hat aber kaum mehr Verbindung zu seiner eigenen Familie, nachdem er meine Mutter geheiratet hatte. Meine *italienische* Mutter. Das mit dem Namen meines geschiedenen Mannes ist Unsinn. Ich habe seinen Namen sofort nach unserer Scheidung abgelegt, die übrigens nicht erst im vorigen Jahr erfolgte, sondern bereits vor ...«, sie zählte an den Fingern ab, »... vor einundzwanzig Jahren stattfand. Es fällt mir nicht leicht, es Ihnen zu gestehen«, gab sie mit waidwundem Blick von sich, »aber ich habe Sie belogen, weil ich unbedingt die Stelle haben möchte.«

»Die Zeugnisse Ihres letzten Arbeitgebers sind hervorragend. Ich hoffe, sie sind nicht gefälscht?«, konnte er sich nicht verkneifen hinzuzufügen.

Sie schnappte nach Luft. Dann sagte sie: »Meine Zeugnisse sind echt. Sie können sich ja bei meinem letzten Arbeitgeber erkundigen.«

»Haben Sie selbst gekündigt oder wurden Sie rausgeworfen?«

»Die Firma ging in Insolvenz, daher muss ich mir jetzt eine neue Arbeit suchen.«

Er nickte wortlos. »Wo wohnen Sie?«, fragte er und widmete sich erneut dem letzten Arbeitszeugnis, das sich als brillant erwies.

»In Riva.«

»Ich sehe, Ihre Sprachkenntnisse sind beachtlich. Das ist gut, denn ich spreche kein Französisch und nur wenig Deutsch und erst recht kein Spanisch.« Er nahm wahllos aus einem Stapel neben sich ein Schreiben an einen französischen Hotelier, zu dessen Übersetzung seine Exsekretärin nicht mehr gekommen war, und warf es mit einer spielerischen Gebärde vor sie auf den Tisch. »Übersetzen Sie!«

Sie übersetzte. Flüssig und fehlerlos. Doch dann passierte ihr ein Fauxpas, wenn man die Unverschämtheit so nennen wollte, der so rotzfrech war, dass ihm beinahe der Atem stockte, der sie ihm jedoch irgendwie auf Anhieb sympathischer machte.

»Und Sie, Monsieur«, endete sie in demselben phlegmatischen Tonfall wie sie die ersten Sätze des Geschäftsbriefs begonnen hatte, »sind ein entsetzlich ungehobelter Klotz, dem man unbedingt einmal beibringen müsste, wie man sich anständig benimmt! Mit freundlichen Grüßen von mir, die auf eine Stelle wie die Ihre pfeift.«

Aha, die Dame konnte auch anders. Minuspunkt oder Pluspunkt, keine Ahnung. »Was bedeutet *rustaud*?«

Peng! Dieser Schuss hatte sie zum ersten Mal komplett aus den Latschen katapultiert. Bravo.

»*Rustaud* bedeutet ungehobelt, also ungehobelter Klotz«, kam es heiser nach einer winzigen Sekunde über ihre Lippen – hübsche Lippen, wie er erneut feststellte.

»Dieser ungehobelte Klotz könnte Ihnen immerhin eine Stelle anbieten, nach der sich andere Frauen die Finger lecken. Und ich versichere Ihnen, dann und wann bin ich durchaus in der Lage, mich zu benehmen«, sagte er mit hochmütiger Stimme.

Mit Vergnügen registrierte er, wie sie puterrot wurde. Die Stille, die eintrat, genoss er ebenso und er hatte nicht vor, sie von sich aus zu beenden.

Sie handelte, wie er es vorausgesehen hatte. Mit hektischen Bewegungen ergriff sie ihre Handtasche und stand auf. »Ich bitte um Entschuldigung.«

Sie hatte beinahe schon die Tür erreicht, da rief er sie zurück. »Pardon, Madame. Eine perfekte Sekretärin übersteht auch eine solche Situation mit Contenance«, sagte er ironisch. »Außerdem haben Sie Ihre Bewerbungsunterlagen vergessen.«

Schweigen.

»Jetzt kommen Sie zurück. Ich bin mir sicher, so ein Lapsus wird Ihnen in Zukunft nicht so schnell wieder passieren.« Da war er sich allerdings gar nicht sicher.

Sie antwortete immer noch nicht, doch ihr Schritt verzögerte sich.

Er verdrehte ungeduldig die Augen. »Jetzt machen Sie schon. Zeit ist Geld, und ich habe heute Morgen noch nicht gefrühstückt.«

Endlich drehte sie sich mit einer unschlüssigen Bewegung um. Auf ihren Wangen hatten sich hektische rote Flecken gebildet, als sie an den Schreibtisch zurückkehrte. Aus ihren Augenschlitzen schossen Feuersalven.

Er hob die Hand und deutete auf den Stuhl ihm gegenüber. »Voudriez-vous prendre place? Je vous en prie!«, fügte er mit samtener Stimme hinzu.

»Sie dürfen ruhig weiter mit mir Italienisch reden, ich weiß ja nun, dass Sie Französisch können«, sagte sie, während sie seiner Bitte nachkam, sich setzte und ein Bein über das andere schlug, wieder ganz die selbstbewusste Dame, die vor wenigen Minuten sein Büro betreten hatte. »Was Sie bisher leugneten«, äußerte sie kühl, nun beinahe wieder kontrolliert wie zu Beginn, wenn auch mit einer Spur Trotz in der Stimme.

»War gelogen«, grinste er.

Die Stille, die eintrat, war erneut so spannungsgeladen, dass man meinte, das Wasserglas vor ihr müsse gleich zerbersten, wie bei einem Sänger, der das hohe C meisterhaft in die Welt schmetterte.

Aber dann tat sie etwas, das ihm nicht nur Spaß bereitete, sondern auch Respekt abverlangte, und er eindeutig als Pluspunkt vermeldete: Sie fiel in herzhaftes Gelächter, wobei sich ihre Augenschlitze noch mehr verengten und die tanzenden Sommersprossen auf ihren Wangen ihrem Gesicht einen koboldartigen Ausdruck verliehen.

Er konnte nicht anders und fiel brüllend in ihr Gelächter ein. Bei diesem Anblick purer Lebensfreude würden sich auf der Stelle bei jeder noch so hartnäckigen Konkurrenz die Gegenargumente in Luft auflösen, sofern diese immer noch vorhanden wären und sie sie nicht schon vorher präzise Punkt für Punkt zerlegt hätte. Ja, diese Frau würde die Gegner aufs Kreuz legen. Genau das, was er brauchte!

»Ich bitte nochmals um Entschuldigung«, sagte sie nach einer Weile und wischte sich die Lachtränen aus den Augenwinkeln.

Er überlegte, ob sie sich bisher überhaupt zu einer Entschuldigung hatte hinreißen lassen. »Geschenkt.«

Wieder erschien ein flüchtiges Rot auf ihren Wangen. »Aber ein wenig mehr Höflichkeit dürfte man wirklich erwarten«, sagte sie mit fester Stimme, das Kinn erhoben.

»Was hab ich denn falsch gemacht in Ihren Augen?«, erkundigte er sich neugierig.

»Da gäbe es so einiges.«

Er hob interessiert die Brauen. »Was?«

»Nun ja, hier in Ihren Büroräumen ist es nicht sehr warm. Trotzdem bietet man einer Dame zu Beginn eines Gesprächs an, sich ihres Mantels zu entledigen.«

»Capito. Noch mehr?«

»Si.«

»Nun machen Sie schon, mir knurrt der Magen«, brummte er.

»Zum Zweiten bietet man einer Dame den Stuhl an und befiehlt nicht mit Kommandostimme, sich zu setzen.«

Er stellte das Glas Wasser zurück, ohne einen Schluck getrunken zu haben. »Wie anders, zum Teufel, soll ich einer Dame denn bedeuten, sich zu setzen?«, fragte er konsterniert.

»Ohne jetzt auf Ihr *zum Teufel* einzugehen, könnte man zum Beispiel sagen: ›Bitte nehmen Sie Platz‹, und dann weist man auf den Stuhl, auf dem die Person Platz nehmen soll. Und wenn man sich in einem Restaurant befindet und kein Kellner in der Nähe ist, der einen zum Tisch geleitet, rückt man ihr freundlich den Stuhl zurecht, auf den sie sich dann setzen wird.«

Gott, diese Frau war schlimmer als eine Gouvernante. Zudem vielleicht doch eine Mimose! Wie hatte er sich nur dermaßen in ihr täuschen können? Die war ja schlimmer als Eva. »Sonst noch was?«

»Also wenn Sie so fragen, dann würde ich ganz allgemein den Befehlston etwas abmildern«, entgegnete sie.

Die Milde in ihrer Stimme, die jedoch nicht den unbezwingbaren Willen verstecken konnte, der dahinter lauerte, ließ auf der Stelle das Bild seiner Großmutter väterlicherseits vor seinen Augen erscheinen. Teufel noch mal, dieses Weib könnte ihre Tochter sein, genauer, ihre Enkelin.

Er fixierte sie durchdringend und wieder hielt sie seinem Blick stand. Ihr Gehabe brachte ihr Minuspunkte, mehr als genug. Eindeutig. Sie waren doch hier nicht im Kindergarten. Andererseits, so ein bisschen war vielleicht dran an ihrem Getue. Er hatte vor allem zu Beginn seines beruflichen Aufstiegs tatsächlich manches Mal auf dem gesellschaftlichen Parkett feststellen müssen, wie einige der staubtrockenen Ladys – vor allem in England und Frankreich – die Nase rümpften, wenn er sich augenscheinlich daneben benommen hatte – was ihm erst später bewusst geworden war. Und eigentlich vermeinte, überwunden zu haben. Aber schließlich war er nicht auf irgendeinem pompösen Schloss groß geworden, wie wahrscheinlich ihr Herr Papa, sondern in einer Limonaia, wo man mit seiner Hände Arbeit die Früchte erntete, von Sträuchern, die man mit Liebe über den Winter gebracht hatte. Eine Arbeit, die ihn zutiefst befriedigte und die er so oft vermisst hatte. Das Speisen in eleganten Hotels, überhaupt die ganze vornehme Welt, waren erst später hinzugekommen. Und außerdem sollte die feine Gesellschaft sich bloß zurückhalten: Das ungehörige Auftreten mancher Reicher war ihm zutiefst zuwider. Im Vergleich zu denen war jeder Arbeiter in einer Limonaia kultivierter als diese Herrschaften. Das Getue um die Reichen hatte unter anderem zu dem Entschluss geführt, seine Lebenssituation ab jetzt von Grund auf zu verändern. Und dazu benötigte er eine brauchbare Sekretärin. Eine wie diese Frau, wie er unwillkürlich zugeben musste.

Er bemerkte, wie sie die Pflanze auf dem breiten Fensterbrett anschaute. »Ein prächtiger Elefantenfuß«, sagte sie mit Bewunderung in der Stimme.

»Richtig. Findet man eigentlich selten«, erwiderte er.

»Ich weiß. Ich habe auch einen, aber Ihrer ist noch um einiges älter«, stellte sie mit einiger Begeisterung fest.

Pluspunkt. »Den hat mir meine Schwester Edina vor Jahren nach einem heftigen Streit geschenkt. Er erinnere sie an mich, fand sie«, grinste er.

»Wieso das?«, kam die erstaunte Rückfrage, die jedoch gespielt war, wie er sofort erkannte.

»Der Fuß … Sie ahnen, warum.«

»Äh … nicht direkt. Okay, ja«, gestand sie dann lachend.

»Exakt. Der Elefant im Porzellanladen.«

»Aber … Haare besitzen Sie ja eigentlich noch genug.« Augenzwinkernd wies sie auf die dichten, schmalen, überhängenden Blätter.

»Das will ich meinen«, sagte er streng und fuhr sich mit den Fingern durch die tatsächlich dichte Pracht. »Nein, die Blätter, meint sie, wären meine Antennen. Ich bin ziemlich empfindsam, auch wenn man es mir nicht auf den ersten Blick anmerkt.«

»So, so.«

So, so! Wieder eine Antwort, die ihm nicht so recht behagte, schon gar nicht der Hauch von Ironie, der darin mitschwang. Etwas mehr Gefühl könnte man sich wohl wünschen. Aber egal. Sie beide waren keine Betschwestern, sondern hier ging's ums Geschäft.

»Ich würde vorschlagen, wir gehen jetzt nach nebenan und essen einen Happen. Und dann sehen wir weiter.« Mit diesen Worten erhob er sich und wandte sich zur Tür. Sie folgte auf dem Fuße. »Mais je vous en pris, après vous«, sagte er charmant, öffnete die Tür und ließ sie vorausgehen. Sie trat an ihm vorbei zur Bürotür, die er wiederum für sie öffnete. Er schnappte sich seine Jacke und dann eilte er ihr voraus auf die schmale Straße.

Sie blieben stehen. »Es ist immer wieder wunderschön.« Seine zukünftige Assistentin – da war er sich plötzlich vollkommen sicher – breitete die Arme aus und bemerkte mit Andacht in der Stimme: »Der Lago und sein Licht – unvergleichlich. Gerade jetzt im Spätherbst muss man lange suchen, um einen solch herrlichen Flecken Erde zu finden. Und der entzückende Blick auf Limones Altstadt – ich war viel zu lange nicht mehr hier. Und dann die Olivenhaine und die Limonaie – diese tollen Gewächshäuser kenne ich nur von hier.«

»Ja, und das ist auch der Grund, weswegen ich mich beruflich verändern werde«, nickte er.

»Ach, ja?«

»Ja.« Er deutete auf die gewaltige Anlage, wo sich die Terrassen, die sogenannten Còle, den Hang hinaufzogen, mit dem Geräteschuppen, dem Casèl, in der Mitte. »Die Limonaia gehört uns, vielmehr meinem Vater, aber ich werde sie im nächsten Jahr übernehmen, um die Tradition am Leben zu erhalten. Er beherbergt in seinem Garten tolle, sehr große Pflanzen von Zitronen, Zitronatzitronen, Bitterorangen, Clementinen und Kumquats. Ich habe schon mit einigen Restaurants Kontakt aufgenommen. Man wird künftig alle unsere Früchte beziehen. Und das zu unserem Preis. Einem stolzen Preis, den der Normalsterbliche heute nicht mehr bereit ist, zu zahlen. Mein Vater weiß noch nichts von seinem Glück«, schmunzelte er. »Es wird mein Weihnachtsgeschenk für ihn. Außerdem muss ich mich erst noch von meinem alten Leben verabschieden, wozu ich Ihre Hilfe benötigen würde – falls ich mich für Sie entscheide«, konnte er sich nicht verkneifen, hinzuzusetzen.

Sie schüttelte den Kopf. »Auch wenn Sie sich nicht für mich entscheiden sollten – was ich für einen Fehler halte …« Ihre Augen blitzten ihn einen Moment schelmisch an, »… so bedauere ich es nicht, hergekommen zu sein. Allein der kleine Hafen ist einen Besuch wert. Mein Vater hat ihn oft gemalt, aber nichts kommt der Natur gleich.«

Er wies auf den großen Garten den Hügel hinauf. »Kennen Sie sich aus mit den Gewächshäusern?«

Sie schüttelte den Kopf. »Ehrlich gesagt, nicht besonders. Ich weiß nur, dass Limone nicht wegen der Zitronen seinen Namen erhielt, mehr aber auch nicht.«

Er nickte. »Diesen Irrtum begehen viele. Man geht heute davon aus, dass Limone eigentlich dem Wort ›Limes‹ entstammt, da hier früher die Grenze zwischen der Republik Venedig zu Österreich verlief.« Als er fortfuhr, leuchteten seine Augen und seine Leidenschaft für die Limonaia war deutlich zu erkennen: »Charakteristisch für die Limonaie, also die Zitronengewächshäuser, sind die Mauern, Pfeiler, Treppen, Eingänge und Balken, die wir von November bis März mit Bretterabdeckungen und Glasscheiben verkleiden. Die Orangerien wurden ja gebaut, um vor allem die Zitronenbäume im Winter zu schützen. Die Gewächshäuser mussten früher regelmäßig im Winter beheizt werden, was heute durch den Klimawandel wegfällt. Allerdings verschließen wir immer noch die Gewächshäuser, um die Pflanzen vor winterlichen Winden und der Witterung zu schützen. Auch wenn sich das Klima wandelt: Die Bedürfnisse der Pflanzen sind heute die gleichen wie vor hundert oder zweihundert Jahren. An erster Stelle stehen die Vorteile der kühlen Überwinterung bei geringem Licht. Und optimal ist die natürliche Wärmeführung in der Hanglage. Hier steigt die warme Luft auf. Wenn die Pflanzen vor einer Rückwand stehen, kommt es zum Wärmestau, der ihr Gedeihen unterstützt. Ähnlich ist es, wenn Pflanzen unter einem Terrassendach stehen, das nur eine oder zwei offene Seiten hat, wie wir es neben unserem Haus vorfinden. Wenn man diese in kühlen Frühjahrsnächten noch schließen kann, verlängert das die Wachstumszeit.« Er spürte, wie sich seine Begeisterung steigerte, je länger er sprach.

»Seit wann gibt es diese Art des Zitronenanbaus?«, erkundigte sich seine zukünftige Sekretärin.

»Seine Geschichte geht bis auf die Renaissance, vermutlich das fünfzehnte oder sechzehnte Jahrhundert zurück. Die Zitronen am Gardasee waren vor allem für die Mitte Europas bestimmt, und als nördlichstes Anbaugebiet hatte Limone den kürzesten Weg in die Metropolen des Nordens. Dort fanden Zitronen als Statussymbol und Genussmittel, Grundstoff für Parfums und andere Aromen, reißenden Absatz. Allerdings dauerte diese Blüte nur bis zum Beginn des zwanzigsten Jahrhunderts. Neue Transportmöglichkeiten machten es erschwinglich, günstiger produzierte Zitrusfrüchte aus dem Süden Italiens gen Norden zu bringen. Außerdem wurden Zitronenaromen und auch -essig zunehmend künstlich hergestellt. So gerieten die Limonaie am Gardasee in Vergessenheit, viele verschwanden ganz. Aber ich werde neue Wege gehen und freue mich auf meine zukünftige Arbeit.«

Im Café, nur wenige Meter vom Besitz der Familie Collani entfernt, verhielt er sich vorbildlich. Sie setzten sich an einen stillen Tisch in einer intimen Ecke, von der aus man den gesamten Raum überblicken konnte und den man für ihn stets reserviert hielt – er hatte nichts anderes erwartet. Er zog den Stuhl etwas hervor und die Dame, die seine zukünftige Sekretärin werden wollte, nahm dankend Platz. Die Kellnerin Selina eilte sofort beflissen herbei, wie er es von ihr gewohnt war. »Für mich bitte ein großes Frühstück und für die Dame ... ein großes oder ein kleines?«, fragte er in Richtung der Signorina, hinter der eine Gouvernante lauerte, das war klar wie der Lago an diesem Morgen.

»Für mich bitte nur Kaffee. Danke«, befahl die Gouvernante Selina.

»Für die Dame bitte ein kleines Frühstück. Allein zu essen, hat noch nie Spaß gemacht«, bestimmte er mit einem charmanten Lächeln in ihre Richtung. Selina schwebte strahlend davon.

»So, meine Dame. Nun wollen wir mal Klartext reden. Ich bin bereit, Sie bei mir probehalber einzustellen. Das Gehalt ist exzellent. Dafür haben Sie für mich zur Verfügung zu stehen. Tag und Nacht.«

»Ich … ich stehe Ihnen Tag und Nacht zur Verfügung, allerdings nur in stehendem oder sitzendem Zustand.«

Er brauchte einen Moment, bis er ihre Worte ganz in sich aufgesogen hatte. Dann fiel er in lautes Gelächter.

Der Schock stand ihr immer noch ins Gesicht geschrieben. Er hob beide Hände. »Entschuldigung, ich habe mich falsch ausgedrückt. Ich wollte sagen, ich benötige Sie nur rein beruflich natürlich. Aber ich muss momentan immer wieder einmal unverhofft ans andere Ende der Welt, das heißt, mit Familie wäre das ungünstig.« Er stockte eine winzige Sekunde: »Ich habe also richtig verstanden, dass Sie momentan nicht verheiratet sind?« Eigentlich wäre ihm eine verheiratete Frau nur recht gewesen, doch was die Unabhängigkeit zeitlich gesehen anging, so war ihm eine alleinstehende Frau allemal lieber.

»Ich bin unverheiratet und jederzeit reisebereit«, antwortete sie rasch.

»Das passt. Und da Sie ja nun so viel Wert auf anständiges Benehmen legen, wäre ich Ihnen verbunden, wenn Sie mich im Falle eines möglichen Danebenbenehmens meinerseits diskret auf dieses hinwiesen. Man lernt ja nie aus«, fügte er augenzwinkernd hinzu. Eigentlich hatte er sie nur ein wenig veralbern wollen, doch dann merkte er im hintersten Winkel seines Herzens, dass er es ernst meinte.

Sie neigte in einer unnachahmlichen Geste den Kopf. »Immer wieder gern«, sagte sie.

Klang ihre Stimme etwa ironisch oder doch unterwürfig? Er fixierte sie zwei Sekunden lang. In ihren schmalen Augenwinkeln lauerte unübersehbar ein kleines, feines Grinsen, das so rasch verschwand, wie es erschienen war. »Dann ist ja alles geklärt«, sagte er obenhin.

»Nicht ganz. Sie bemerkten, dass Sie sich beruflich verändern wollen. Darf ich fragen, was Sie bisher gemacht haben und wie die Veränderung aussehen wird?«

Er zögerte. Wenn er ihr jetzt klar machte, dass sie durch diese Veränderung in spätestens drei Monaten ihren Job womöglich wieder los war, musste er ein wenig flunkern. »Ich werde mich, abgesehen von meiner Arbeit in der Limonaia, um unser neues Hotel kümmern und von ein paar anderen trennen.« Das stimmte so weit. Wenn sie jetzt nachhakte, müsste er irgendetwas erfinden.

»So, so. Haben Sie für Ihr neues Hotel noch keine Sekretärin? Wird dies mein späterer Job werden?«

»Das Hotel hier in Limone hab ich gerade erst erworben. Es ist das Hotel, in dem meine Mutter früher als Zimmermädchen geschuftet hat, und es hat lange gedauert, bis der alte Besitzer es mir überließ – zu einem günstigen Preis«, fügte er knurrend hinzu. »Ich werde es ihr zu Weihnachten schenken. Und nein, für dieses Hotel werden Sie nicht als Sekretärin arbeiten.« Komisch. Dass seine Mutter früher dort als Zimmermädchen gearbeitet hatte und er es ihr jetzt schenken würde, hatte er ihr eigentlich gar nicht so brühwarm erzählen wollen, aber irgendwie verstand es diese Frau, Geheimnisse aus einem herauszukitzeln. Seltsam, das war ihm noch nie passiert.

Dieses Hotel war sein neues Baby, genauer natürlich das Baby seiner Mutter. Er würde es ihr zu Weihnachten schenken! Davon hatte er die ganze Zeit geträumt, seit er sich darauf verlegt hatte, in Hotels zu investieren. Den Grundstock dazu hatte er im wahrsten Sinn des Wortes erspielt. In einem Casino. Schon immer war der Mangel an Geld das Problem gewesen, das seine großen Pläne verhinderte. Die erste größere Summe, die ihm in die Hände kam, verdankte er seinem Großvater. Dieser vermachte ihm seinen Mercedes-Oldtimer, den Vincenzo kurz darauf zu einem horrenden Preis an einen Liebhaber verkaufte, der den Wert des Wagens auf den ersten Blick erkannte.

Und dann traf er eine Entscheidung, in die er seine Familie vorher natürlich nicht einweihte. Zehn Tage nach dem Verkauf des Oldtimers lieh er sich von seinem Vater ohne dessen Kenntnis eine Krawatte. Den Grund hätte er ihm nicht verraten können und ihn anzulügen, kam ebenfalls nicht infrage. Bebend vor innerer Aufregung stürmte er ins nächste Casino. Zum Glück war nicht viel los, und so ergatterte er sogar einen Sitzplatz am Roulettetisch, gleich neben dem Croupier. Er hatte es sich lange überlegt: Alles oder nichts hieß es. Aschfahl im Gesicht setzte er den gesamten Betrag auf Rot. Dabei war ihm so übel, dass er fürchtete, über dem Tisch zu kollabieren. Der Croupier brachte die Schüssel mit lässiger Hand in Bewegung. Vincenzo schlug die Hände vors Gesicht. Nie würde er den Klang der Kugel vergessen. Sie schien nie wieder aufzuhören zu rollen. Sein Hemd war völlig durchgeschwitzt, als sie endlich liegen blieb. Stille. Er traute sich nicht, durch seine feuchten Finger zu blinzeln. Dann verriet ihm die Stimme des Croupiers das Resultat des Spiels. Nun wäre er beinahe doch kollabiert. Sein Einsatz hatte sich binnen Sekunden verdoppelt.

Mit bebenden Händen gab er den Angestellten einen ordentlichen Obolus, dann behielt er die Hälfte des Geldes und setzte die andere Hälfte erneut auf Rot. Und so ging es fort, bis er schließlich das Casino verließ – als frisch gebackener Millionär.

Das war an einem Mittwoch, er würde es nie vergessen. Am Samstag darauf gab er ein Fest für seine Familie und seine drei besten Freunde: einen Anstreicher, einen Zimmermann und einen Allround-Handwerker, wie er selbst einer war. Er hob das Glas Champagner, den sie eigentlich nie auf Familienfeiern tranken. Und dann begann er zu erzählen. Am Ende des Abends hatte er unter dem Siegel der Verschwiegenheit seinen drei Brüdern und seinen drei Schwestern eine hübsche Summe Geld geschenkt – jedoch nur unter der Bedingung, dass sie nicht versuchten, es ihm nachzumachen. Selbst seinen ältesten Bruder hatte er bedacht, sogar mit noch größerem Vergnügen als die anderen zwei, obgleich Antonio ihn des Öfteren gehörig nervte und immer alles besser zu wissen schien. Und bevor alle unter den Tischen lagen, hatte er einen Vertrag per Handschlag mit den Freunden abgeschlossen. Gemeinsam würden sie die maroden Häuser, die sie für einen Euro zu kaufen gedachten, restaurieren. Und dann würden sie sie mit Gewinn weiterverkaufen.

Seiner Mutter jedoch überwies er seither monatlich den doppelten Betrag dessen, was sie vorher mit Putzen verdient hatte, wonach sie ihm endgültig den Verkauf des Oldtimers ihres Vaters verzieh.

Die zweite Million kostete ihn nicht nur Nerven wie die erste, sondern vor allem viel Schweiß. Aber es rentierte sich. Nach und nach hatten sie ihre Gewinne in gut gehende Hotels investiert. Oder die renovierungsbedürftigen aufgepäppelt und zum Erfolg geführt. Nun waren sie alle vier Millionäre und das Schönste: Sie waren immer noch Freunde.

Der Erfolg hatte ihn nie verlassen. Bis jetzt. Und nun war er fünfundvierzig und merkte, dass er zu neuen Ufern starten musste. Und fühlte sich wieder wie in jungen Jahren, war voller Pläne und hatte Freude am Leben, die ihm im letzten Jahr ein wenig abhanden gekommen schien.

Allein in der Liebe hatte er nicht so viel Glück gehabt. Seine Ehe hatte er in den Sand gesetzt – weil er viel zu sehr fixiert auf beruflichen Erfolg gewesen war, wodurch sich die freie Zeit für seine Frau und seinen Sohn immer häufiger auf ein

Minimum belief. Kein Wunder, dass sie ihm davongelaufen war. Er hätte kämpfen müssen, doch sein Stolz hatte ihm den Kampf um seine untreue Frau verboten.

Das jedoch war Schnee von gestern. Dieses Weihnachten würde er seiner Mutter die Freude machen, das Hotel ihr Eigen zu nennen, in dem sie fast zwanzig Jahre neben der Aufzucht ihrer sieben Kinder geschuftet hatte – nicht immer zu ihrem Vergnügen. Ihr damaliger Chef, Alfonso Montoni, der heutige Seniorchef, hatte sie ausgebeutet, und etliche Hausdamen waren nicht immer nett zu ihr gewesen.

Dem Kauf des Montoni-Hotels war ein jahrelanger Kampf vorausgegangen. Anfangs hatte er ihm viel Geld geboten, Montoni hatte stets abgelehnt. Nach zwei Jahren hatte er ihn fast so weit, dass er in den Kauf einschlug, als Vincenzo unbedacht der Grund des Kaufes entschlüpft war. Die Ehre verbot es Montoni, dass sein Kasten einem ehemaligen Zimmermädchen überschrieben werden sollte.

Vor drei Monaten hatte Vincenzo ihm seinen Siebzigerjahre-Schuppen schließlich für einen minimalen Preis abgeknöpft und nicht etwa eine exorbitante Summe in seinen maßlosen Rachen geworfen. Dann hatte er sogleich mit der Renovierung begonnen. Seine Familie ahnte nichts. Nur dass der Senior sein Hotel verkauft hatte, war an die Öffentlichkeit geraten. Vincenzo würde das heruntergekommene Viersternehaus nicht zu einem Fünfsterneresort restaurieren und damit den Übernachtungspreis in astronomische Höhen katapultieren, sondern es zu einem großzügigen, aber bezahlbaren Familienhotel umwandeln. Das würde ihn nicht verarmen lassen und auf jeden Fall seiner Mutter gefallen. Er freute sich heute schon auf ihre strahlenden Augen, wenn sie das Foto des Hotels auf dem Gabentisch vorfinden würde. Und gleichzeitig würde er dem Vater die Limonaia abkaufen, mit dem Versprechen, sie wieder zum Leben zu erwecken. Und dann musste er nur noch dafür Sorge tragen, dass sein Vater sofort seine Blutdruckpillen parat hatte, denn dass einer seiner Söhne die Limonaia weiterführte, war immer sein größter Wunsch gewesen, den er jedoch als unerfüllbar in die hinterste Schublade seiner Seele verbannt hatte, wie Vincenzo sehr genau wusste. Er hatte immer die Stunden genossen, in denen die Familie zusammensaß und die frisch geernteten Früchte schälte, befand sich das Aroma des Limoncello doch vor allem in den Schalen – ganz schön viel Arbeit, wenn man bedachte, dass vierundzwanzig Zitronen nötig waren, um einen Liter Likör herzustellen. Er nahm immer gern teil an dieser Gemeinschaftsaufgabe, genoss die Frotzeleien mit seinen Geschwistern, die sich je nach Möglichkeit ebenfalls an der Arbeit beteiligten.

Vincenzo und seine angedacht neue Sekretärin schwiegen einen Moment und betrachteten angelegentlich die verträumte Landschaft unterhalb des Cafés mit ihren Olivenhainen und der pittoresken Limonaia.

»Wie hoch, sagten Sie, ist das Gehalt?«

»Richtig, das hätte ich beinahe vergessen.« Hatte er natürlich nicht. Aber ehe man über Geld sprach, musste er etwas essen. Nun, dann eben sofort. Er nannte die Summe, die er zu zahlen bereit war.

Sie schüttelte den Kopf. »Bei meinem alten Arbeitgeber verdiente ich bereits die Hälfte mehr. Und da die Aufgaben bei Ihnen um einiges umfangreicher wären, ganz abgesehen von meinen Qualifikationen im digitalen Bereich … und den Zusatzaufgaben, … habe ich doch andere Vorstellungen.«

Er dachte daran, dass er immer noch nicht alle Funktionen seines neuen Smartphones begriffen hatte. »Dann nennen Sie sie! Bitte!«, verlangte er mit Ungeduld in der Stimme. Die Dame versetzte ihn immer mehr in Erstaunen.

Sie gab ihre Vorstellungen preis, und ihm blieb die Spucke weg. Er spitzte die Lippen und überlegte fieberhaft, wie er reagieren sollte. Da erschien aber auch schon Selina mit dem voll beladenen Tablett. Schweigend sahen sie ihr zu, wie sie Eier, Speck, gebratene Würstchen mit Tomate und Toast für ihn und Toast und Marmelade mit Orangensaft vor Isabella aufbaute. Wohlwollend blickte er Selina hinterher. Wie sehr ihre Figur doch immer wieder seine Augen erfreute. Davon konnte sich die Signora ihm gegenüber aber mal eine Scheibe abschneiden und statt einer einem Happen Toast was Gescheites essen.

Das Wasser lief ihm im Mund zusammen, als ihm der Duft der Köstlichkeiten auf dem Tisch in die Nase stieg. Das, was ihn auf seinen Reisen stets am meisten erfreute, war ein anständiges Frühstück, das er dem Kaffee und den Kuchenstückchen vorzog, welche er von zu Hause gewohnt war.

»In Anbetracht der Arbeitszeiten, die manchmal durchaus die Wochenenden beinhalten dürften, … äh … zeige ich mich einverstanden«, stimmte er zu seinem nicht gelinden Erstaunen zu. Die Signora hatte seine Gehaltsvorstellung um das Eineinhalbfache überboten.

»Die Wochenenden sollten aber doppelt bezahlt werden«, versuchte sie ihr Glück.

»Nun gut, Sonntage werden doppelt gezahlt, der Samstag hälftig.«

»Einverstanden.«

»Na also. Wann können Sie anfangen?«

Ihre Antwort war Musik in seinen Ohren. »Sie suchen jemanden für sofort. Ich kann sofort anfangen«, trällerte sie mit heiterer Stimme.

»Lady, ich muss schon sagen, Sie machen mir Spaß.«

»Die Lady sollten Sie streichen.«

»Und als ersten Punkt Ihrer Aufgaben werden Sie dieses Oberlehrerhafte sogleich wieder ablegen«, befahl er mit zusammengekniffenen Augen. »Sie notieren das, was Ihnen an Unangebrachtem auffällt, in aller Stille und diskret, wohlgemerkt. Und am Ende der Woche – oder sagen wir, am Ende des Monats – lesen Sie mir vor, ob überhaupt und wenn ja, was Ihnen aufgefallen ist.«

»D'accord«, nickte sie.

»Und nicht vergessen, wir befinden uns hier in Italien.«

»Ich verstehe.«

Er ergriff das Besteck, nachdem er seine Serviette vorschriftsmäßig auf den Schoß gelegt hatte. »Dann wäre ja hiermit alles gesagt.«

»Noch nicht alles«, widersprach sie erneut. »Sie erwähnten nicht die genaue Arbeitszeit. Und die Urlaubstage wären auch noch zu regeln.«

»Sie fangen morgens um zehn an. Wann Ihr Arbeitstag beendet ist, bestimmen wir von Fall zu Fall.«

»Oh«, erwiderte sie sichtlich geschockt. »Ich ... kann aber nur bis achtzehn Uhr ... in der Regel«, sagte sie leise.

Mit zusammengezogenen Brauen legte er das Besteck zurück. »Ich dachte, Sie wären flexibel.«

»Eigentlich schon«, kam die zögernde Antwort.

»Keine Sorge, ich bin auch nur ein Mensch und möchte abends pünktlich zum Essen zu Hause sein. Übrigens, die Mittagspause dauert eineinhalb Stunden, sodass wir beim Essen nicht hetzen müssen. Aber damit, dass wir unregelmäßig Schluss machen, müssten Sie sich schon einverstanden erklären. Wenn nicht, so sagen Sie es bitte gleich.«

»Nein, ist schon in Ordnung.«

»Urlaub gibt es achtundzwanzig Arbeitstage.«

Wieder nickte sie.

»Dann lassen Sie uns endlich frühstücken«, bemerkte er, ergriff erneut das Besteck und widmete sich seinem delikaten Essen.

Als sie zu dem Anwesen der Familie Collani zurückkehrten, kam ihnen ein großer Mann mit einem braunen Hut und wettergegerbtem Gesicht entgegen.

Sie begrüßten sich und Vincenzo stellte Isabella ganz selbstverständlich als seine neue Sekretärin vor – wogegen diese keinen Einspruch erhob.

»Und das ist mein Vater, Fava Collani«, informierte er sie. »Ich habe ihr erklärt, dass du hier der Boss bist«, fügte er, seinem Vater wieder zugewandt, hinzu.

Fava nickte. »Das kann man wohl sagen. Ich arbeite hier seit meinem zehnten Lebensjahr. Vier Ernten im Jahr«, sagte er mit Stolz in der Stimme. »Leider gibt es keinen Nachfolger. Was ja auch kein Wunder ist: Für unsere Limonen müsste ich zehn Euro pro Stück berechnen. Da kaufen die Leute natürlich die aus Sizilien lieber.«

Es trat eine kurze angespannte Stille ein. Nein, dachte Vincenzo, ich werd ihm noch nichts verraten.

»Kennen Sie das Rezept für einen Limoncello?«, wandte sich Fava an Isabella.

Isabella öffnete die Lippen, doch ohne auf ihre Antwort zu warten, fuhr er fort: »Ein Limoncello ist einfach, er besteht ja nur aus Zitronenschalen, natürlich denen von uns«, präzisierte er, »Zucker und neunzig-prozentigem Alkohol. Dann muss er vier Tage ziehen, fertig. Danach nur noch genießen.« Er verdrehte genießerisch die Augen. »Hast du ihr schon von unserem Limoncello zu trinken gegeben?«, erkundigte er sich schließlich.

»Noch nicht. Wir kennen uns erst eine Stunde, Papa«, brummte Vincenzo. »Außerdem ist es gerade mal elf Uhr.«

»Für ein Gläschen von unserem Limoncello ist es nie zu früh«, erwiderte sein Vater.

»Wird nachgeholt. Versprochen.«

Fava deutete auf einen gewaltigen Strauch, der sich an die schützende Steinmauer schmiegte. »Und gib ihr eine Flasche von den Kapern mit.« Er wandte sich Isabella zu. »In Essig und Salz eingelegt – eine Delikatesse«, erklärte er mit unübersehbarem Stolz.

»Papa, danke, ja. Aber jetzt müssen wir uns sputen«, erinnerte ihn sein Sohn stirnrunzelnd.

»Dann macht euch an die Arbeit, wie immer die auch aussieht«, entgegnete Fava Collani und lüftete seinen Hut. »Habe die Ehre, verehrte Signorina. Und lassen Sie sich von meinem Sohn nicht unterbuttern. Er kann ein Teufel sein. Das hat er von seiner Mutter.«

»Ich werde aufpassen«, antwortete Vincenzos zukünftige Arbeitskraft. »Arrivederci.«

Langsam wurde es Vincenzo zu bunt. Zum Glück hatte sie das Augenzwinkern seines peinlichen Vaters nicht erwidert – was ein Grund für ihren Rausschmiss gewesen wäre. Er bemerkte lediglich ein kleines Glitzern in den Augen. Resolut legte er seine Hand auf ihren Rücken und schob sie energisch zum Eingang des Hauses. »Man sieht sich, Papa«, sagte er und öffnete die Tür, während sein Vater kichernd den Weg in die Limonaia einschlug.

Im Büro unterzeichneten sie den Vertrag, dessen Änderungen doch gravierender waren, als er erwartet hätte. Auf den Zusatz, dass ein eventuelles Verlieben ihrerseits in ihn zur fristlosen Kündigung führen würde, hatte er beinahe verzichten wollen, ihn dann jedoch beibehalten, obwohl sie ihm versicherte, dass sie verlobt sei und somit kaum Gefahr für ihn bestand. Trotzdem – sicher war sicher. Ihre Frage, wie es aussähe, wenn *er* sich in *sie* verliebte, hatte er als Unverschämtheit abgehakt, ein weiterer Minuspunkt für sie, der sie beinahe die Stelle gekostet hätte. Aber ihr Mumm hatte ihn auch irgendwie besänftigt, und so war der Vertrag schlussendlich doch zustande gekommen.

Anschließend arbeitete sie konzentriert und zu seiner vollsten Zufriedenheit. Im Gegensatz zu ihrer Vorgängerin nörgelte sie nicht über seine Schrift, und tippen konnte sie fast schneller, als er zu diktieren vermochte.

Als sie um achtzehn Uhr sein Büro verließ, war er guten Mutes, dass sie beide es eine Weile miteinander aushalten könnten – sollte sie ihr freches Mundwerk im Zaum halten. Er war schließlich kein Narr, der sich wie ein Dummkopf behandeln ließ. Normalerweise hätte er aus diesem Grund ihre Probezeit auf sechs Monate erhöht, aber das war in diesem Fall nicht nötig. Ihre Arbeit mit ihm ging seiner Schätzung nach in spätestens drei Monaten zu Ende. Bis dahin hätte er alle Hotels, an denen er Anteile besaß oder die ihm samt und sonders gehörten, verkauft. Wenn sie sich bewährte und ihn nicht über Gebühr nervte, würde er sie vielleicht danach ja doch in dem Hotel seiner Mutter als Empfangsdame oder Sekretärin arbeiten lassen. Wer wusste, wozu sie noch alles gut war. Zumindest die digitale Welt war für sie etwas, worin sie sich scheinbar mit Vergnügen austobte und ihm helfen konnte, sehr zu seiner Erleichterung. Seine Brüder hatten auch keine Probleme in der für ihn immer noch neuen Welt. Aber die fragte er natürlich ungern, die lachten ihn nur aus, wenn er mit der Frage kam, wie man irgendeine blöde App runterladen könnte. Jedenfalls hatte die Signora de Saint-Martin keinen Snobismus an den Tag gelegt, als er sie fragte, wie man die schwarz-weißen verpixelten Bildchen auf sein vermaledeites Handy bekam, oder wie immer die Dinger hießen, die jetzt überall zu sehen waren und Informationen beinhalteten, die ihm manchmal ganz sinnvoll erschienen. Jetzt hatte er also eine Hilfe bei der Hand, die einen ganz vernünftigen Eindruck machte. Und wenn er sie genauer betrachtete, so gefielen ihm jetzt am späten Nachmittag sogar ihre Gesichtszüge – was möglicherweise daran lag, dass er noch immer müde war nach der kurzen letzten Nacht. Gut, sie hatte nichts Zartes an sich wie seine früheren Blondinen. Ihre Züge offenbarten Kampfgeist, versprachen auch, nicht sofort in Tränen auszubrechen, wenn er mal nicht so gut drauf war. Es würde ihn unterstützen, wenn er an seine teilweise sehr schwierigen Vertragspartner dachte, die es oft faustdick hinter den Ohren hatten. Die Signora würde sie mit einem verachtenden Blick aus ihren Schlitzaugen zum Schweigen bringen. Was sie zudem auszeichnete, war ihr Humor. Und den würde sie brauchen, wenn sie es drei Monate miteinander aushalten wollten. Wenn sie anfing zu lachen, steckte sie ihre Umgebung automatisch mit an. Ein ganz großes Plus. Schlussendlich war sie ihm heute nicht so oft auf die Nerven gegangen, wie er noch am Morgen befürchtet hatte.

Somit war alles paletti. Fürs Erste.

5

Isabella hingegen schwankte zwischen Begeisterung und Skepsis. Sie hatte ihre Sache gut gemacht, wenn auch anfangs ihren richtigen Namen unterschlagen. Aber das gefährliche Riff war umschifft, ohne auf Grund zu laufen. Die Arbeit erschien interessant. Es standen einige spannende Reisen an, was natürlich herrlich war. Außerdem benötigte sie das Geld.

Ihr neuer Boss, Vincenzo Collani, war ein Baby in der digitalen Welt, und sie ihm weit voraus. Er gab sich schwierig, aber ganz sicher würde es ihr gelingen ihm beizubringen, mit ihr einen höflichen Umgangston zu pflegen, an den sie ihn heute dann und wann mit einem strengen Blick noch hatte erinnern müssen. Richtiggehend zahm wurde er, als sie ihm sein neues Smartphone einrichtete.

»Sagen Sie nicht, Sie haben bislang nur mit dem Festnetztelefon kommuniziert«, fragte sie ihn entgeistert.

»Natürlich nicht. Ich gehe schließlich mit der Zeit. Und mein gutes, altes Handy hat bisher völlig ausgereicht«, erwiderte er mit Trotz in der Stimme. »Aber nachdem mich die schiefen Blicke bei der Arbeit überall verfolgten, hab ich mich breitschlagen lassen und mir dieses Teil zugelegt – das mich, wie uns allen klar sein sollte, bis in den letzten Winkel unseres Schlafzimmers verfolgen wird«, äußerte er.

»*Ihres* Schlafzimmers«, verbesserte Isabella ihn mit ihrer sanftesten Stimme.

Konsterniert sah er hoch. »Wieso mein Schlafzimmer?«, fragte er verwirrt.

»Dieses Teil wird *Sie* bis in den letzten Winkel *Ihres* Schlafzimmers verfolgen, nicht *unseres*.« Nur mit Mühe verbot sie sich ein Grinsen, das zum jetzigen Moment äußerst riskant wäre, erkannte sie doch überdeutlich, wie er am liebsten mit seiner neuen Errungenschaft verfahren würde: Sie in die nächste Ecke pfeffern. Und wer wusste es, vielleicht würde er das Gleiche mit ihr anstellen, wenn ihm danach war.

»Ich hab mich, weiß Gott, lang genug gewehrt«, stöhnte er schließlich. »Aber selbst ich bin nur ein Mensch. Es ist schon ein Unding, dass ich der Einzige auf der Welt zu sein scheine, der die Gefahr, die von so einem Teil ausgeht, einsieht.«

Sie wurde ernst und nickte. »Es kann alles – außer andere Menschen in die Luft jagen. Wobei ich nicht sicher bin, ob dies nicht tatsächlich auch bereits möglich ist«, schickte sie sinnend hinterher.

»Sag ich doch.«

Seine Laune stieg erst, als sie ihm mit Engelsgeduld die Nutzung erklärte – immer die Höhe des Gehalts vor Augen – und ihm einige Anwendungen herunterlud, von deren Bestehen er keinen

Schimmer gehabt hatte und die ihn in Begeisterung versetzten. Als sie ihm zeigte, wie man am PC nicht nur gegen sich selbst, sondern gegen die ganze Welt Schach spielte, hatte sie ihn in der Hand. Es war ihr eine wahre Wonne, ihm auf die Nase zu binden, dass sie gern Schach spielte und dabei immer ihre Mutter schlug, die dieses Spiel perfekt beherrschte – im Gegensatz zu ihrem Vater. Und als sie ihm am späten Nachmittag nicht nur demonstrierte, wie man einen QR-Code, jene quadratischen Pixel, hochladen, erzeugen sowie lesen konnte – wissenswerte Informationen, die man auf Zeitschriften, Fahrkarten und vielem mehr fand – sondern auch das sichere Vorgehen beim Online-Banking beibrachte, hätte er sie beinahe küssen mögen, so viel stand fest.

Und dennoch konnte sie sich des Gefühls nicht erwehren, dass man bei diesem ruhenden Vulkan ständig Gefahr lief, ihn zum Ausbruch zu bringen, wagte man es, ihm, lediglich mit einer Hutnadel bewaffnet, in die Seite zu pieken. In diesem Fall schützte man sich besser mit einer Haubitze, die man aus der Hutschachtel zauberte. Aber auch das, so hoffte sie, würde sich legen, sie kannte ihn schließlich erst ein paar Stunden. Momentan war sie schlicht glücklich, dass sie die Stelle ergattert hatte.

Besondere Klugheit hatte sie gezeigt, indem sie so früh aufgetaucht war, denn wie erwartet gaben die Bewerberinnen sich die Klinke in die Hand, um die Stelle zu besetzen. Und es war einiges an Konkurrenz dabei, die zumindest äußerlich eher seinem Geschmack entsprochen hätte. Allerdings scheiterten sie keine Minute nach ihrem Eintreffen an Isabella.

Als ihm aufging, dass zwar im gefühlt Zehn-Minuten-Takt die Türglocke läutete, jedoch niemand zu ihm vorgelassen wurde, enterte er mit grimmigem Gesicht ihr Büro, um nach dem Rechten zu sehen. Einzig ihr diplomatisches Geschick sicherte den Deckel auf dem Schlund des Vulkans. Schließlich geschah ihr eigenmächtiges Verhalten aus keinem anderen Grund, als seine Nervenkraft zu schonen. Womit er sich zufriedengab.

»Aber das nächste Mal möchte ich vorher gefragt werden«, schleuderte er ihr im Abgang noch entgegen.

Nein, Langeweile war weit und breit nicht in Sicht. Sie würde ihm beweisen, dass sie jeden Cent wert war, den er ihr zahlte.

Dabei schien Signor Collani auf den zweiten Blick offen und – außer in der digitalen Welt – modern und schon gar nicht kleinlich. Wenn auch für seine fünfundvierzig extrem kauzig. Der Passus elf im Vertrag, sie dürfe sich nicht in ihn verlieben, lockte ihren Lachreiz derart hervor, dass sie sich das Taschentuch vor die Nase halten musste, um sich wieder unter Kontrolle zu bekommen. Ihre Nachfrage, die auch beinahe eine zu viel gewesen war, wie ihr sein Blick im gleichen Moment bewusst machte, welche Konsequenz es mit sich brächte, wenn *er* sich in *sie* verliebte, hatte er mit der Bemerkung: »Das wird nicht passieren. Ich kann mich beherrschen«, beiseite gewischt. »Ich möchte betonen, dass ich ein Gegner der Ehe bin.«

»So wie ich«, erwiderte sie energisch, und war froh, dass ihm die Tatsache entging, dass sie einen Verlobten an der Hand hatte.

Aus vielen guten Gründen, die selbst ihm nicht entgangen sein dürften, hatte er den Vertrag dennoch unterzeichnet. Dass die Verliebtheits-Klausel unethisch und somit ungültig war, hatte sie ihm verschwiegen, um nicht noch mehr Wirbel zu verursachen. Doch wenn es, aus welchem Grund auch immer, hart auf hart käme, würde er den Kürzeren ziehen, so viel stand fest.

Auf den ersten Blick war ersichtlich, dass es sich bei ihm um den extrovertierten Typ handelte. Und dass dieser Mann ganz gut aussah mit seinen schwarzen, leicht gewellten Haaren, die an den Seiten leicht ergrauten, den dunklen Augen und dem großzügigen Mund, musste selbst sie anerkennen. Seine Hände waren schön, nicht zu zart, nicht zu kräftig. Auch sein Händedruck zwang einen nicht in die Knie – eine Angewohnheit mancher Männer, die sie hasste. Eigentlich sah er viel zu gut aus für sie als ihr Chef. Und er wusste, dass er attraktiv war, sooft er sich mit dem Kamm durch sein volles Haar fuhr. Aber dieser Mann scheute die Ehe. Dass er für sie keine Gefahr darstellte, hatte sie ihm hoffentlich deutlich genug zu verstehen gegeben. Und wie sie Signor Collani, der sich mit Sicherheit als einer der bestaussehenden Männer im Umkreis empfand, so selbstbewusst wie er auftrat, kennengelernt hatte, tat sie gut daran, ihm diese Tatsache immer wieder einmal vor Augen zu führen.

Sie war jetzt neununddreißig Jahre alt, gut, bald vierzig, geschieden, wenn dies auch ewig zurücklag. Und die Liebe auf den ersten Blick hatte sie in der Tat nur mit Giacomo, einem Südtiroler, erlebt. Danach war ihr so etwas nicht mehr passiert. Und was aus diesem ersten Mal geworden war, wusste sie ja nun, wenn es auch zum Glück keinen psychischen Knacks bei ihr hinterlassen hatte. Sie beide mussten ja unbedingt gegen den Willen ihrer Eltern heiraten, als sie achtzehn Jahre alt geworden waren, nachdem sie sich gerade einmal drei Monate kannten. Danach hatten sie ein knappes Jahr in Riva bei ihren Eltern gewohnt und sich während des ganzen Jahres ihrer Ehe nur gestritten. Viel zu jung verheiratet, war eigentlich vorauszusehen gewesen, dass er sie nach einem halben Jahr mit einer ihrer Freundinnen betrog, so gut, wie er aussah, und so hungrig, wie er nach weiblicher Anerkennung strebte. Ein Jahr später ließen sie sich scheiden und gingen glücklich ein jeder seiner Wege.

Sie spürte, wie ihr Herz vor Aufregung heftig klopfte. Ja, sie würde die Welt kennenlernen, denn Signor Collanis zahlreiche Hotels waren weltweit verstreut. Endlich konnte sie mit Emanuele gleichziehen, dem stolzen Kapitän, der mit seinen Weltreisen auf den eleganten Kreuzfahrtschiffen so gern prahlte.

Nach ihrer Arbeit ging sie auf einen Sprung zu ihrer Jugendfreundin Antonia, die neben ihnen wohnte, und erzählte von den Ereignissen. Redlich müde vom Tag, der, was die Arbeit anbelangte, nicht anstrengend gewesen war, aber allein dank der Präsenz ihres Chefs aufregend genug, blieb sie nur eine halbe Stunde. Dieser Mann war im Gegensatz zu ihrem gemütlichen alten Chef schlicht eine Rakete, und sie würde sich tatsächlich anstrengen müssen, bei seinem Tempo mitzuhalten.

Die Mittagspause hatten sie zusammen bestritten, unten im Dorf mit seinen netten Altstadtgassen in einer Trattoria gleich beim pittoresken alten Hafen. Und sie hatte nicht schlecht gestaunt, wie rasch er den Schalter umlegen konnte von Rakete auf Lebemann.

Beim *Pranzo,* dem italienischen Mittagessen, war er, Gott sei Dank, ein typischer Italiener, der das Essen liebte und dementsprechend in aller Ruhe genießen konnte. Getrunken hatten sie vor allem Wasser, außer einem Viertel Roten für ihn und einem Achtel für sie und dem Espresso. Dabei hatten sie sich sehr gut unterhalten, was in den Augen Isabellas wichtig war, wenn man einen Großteil seiner Arbeit auf gemeinsamen Reisen verrichtete. Auch hatte er seine unterschwellige Aggressivität, die sie anfangs das Fürchten gelehrt hatte, vollkommen abgelegt.

»Aber vergiss nicht, verlieben in den Chef ist unter Strafe verboten«, kicherte Antonia.

»Wo denkst du hin: Ich bin verlobt.«

»Dieser Passus in deinem Vertrag dient dennoch nicht seinem, sondern vor allem deinem Schutz, vergiss das nicht.«

Antonia hatte genau das getan – sich in ihren Chef zu verlieben – und bitter bereut. Alle Illusionen lagen hinter ihr.

Sicher, Signor Collani hinterließ bereits am ersten Tag mächtig Eindruck bei Isabella. Aber sich in ihn zu verlieben, diese Gefahr bestand weiß Gott nicht, sie war kein kleines Mädchen. Und sie war verlobt. Abgesehen davon drehte sich auch für eine unverheiratete Frau jenseits der dreißig die Erde Tag für Tag wieder und wieder um die Sonne, welche die Nacht verdrängte, um am folgenden Morgen erneut strahlend am Firmament zu erscheinen. Und damit war sie hoffentlich noch für ganz lange Zeit beschäftigt.

»Und dass du bei deinem Namen geflunkert hast … alle Achtung … mich wundert, dass er dich nicht gleich zu Mus verarbeitet hat.«

»Er war wohl so früh am Morgen noch nicht in der Lage dazu. Er gehört nicht zu den Frühaufstehern«, entgegnete Isabella heiter.

»Das zeigt doch, dass ihr auf einem guten Weg seid«, endete ihre Freundin lachend.

»Man wird sehen.«

6

Der folgende Samstag ließ ihre euphorischen Gedanken entschwinden und drückte Isabellas Stimmung nieder, obwohl sie in der Regel gerade die spätherbstliche Jahreszeit so liebte. Normalerweise hätte der dunstige Morgen, der die Farben verschluckte und einen düsteren, kalten Nebeltag versprach, sie dazu verleitet, sich in ihr Wohnzimmer zurückzuziehen und zu lesen, oder bei Antonia einen heißen Tee zu trinken.

Sie stand in einer kleinen Menschenansammlung von Verwandten, Freunden, Schaulustigen, allesamt Zurückgebliebene, die zu dem schnittigen Kreuzfahrtschiff hochblickten, das sich anschickte, den Hafen von Genua zu verlassen, und ihre glänzenden Augen tränten dabei nicht allein durch den schneidenden Wind.

Heute war endgültig das letzte Mal, nahm sie sich vor, dass sie ihrem Liebsten zuwinkte, wenn er mit seinem Traumschiff aus dem Hafen lief, um mit einer bunten Gästeschar das Mittelmeer zu bereisen. Sie stellte sich vor, wie er auf der Brückennock stand und sie in der Menschenmenge suchte. Die Brückennock bezeichnete das offene Deck an jeder Seite des Ruderhauses bis zur maximalen Breite des Schiffes. Sie diente zum besseren Überblick, zum Beispiel bei Hafenmanövern.

Aus diesem Grund befanden sich dort auch Navigations- oder Bedienelemente für das Schiff, wie ihr Liebster ihr einmal erklärt hatte.

»Vielleicht kann ich dir dann zum Abschied sogar noch einmal zuwinken«, hatte er ihr irgendwann einmal versprochen. Nun, das war lange her. Der Abschied schnitt ihr jedes Mal ins Herz. Dass ihr Verlobter diesmal keineswegs so melancholisch wie sie schien, hob auch nicht gerade ihre Laune. Aber er machte sich ja auch auf in sonnige Gefilde, umgeben von ehrerbietigen Untergebenen und bewundernden Kreuzfahrtpassagieren, während sie hier den Regen und die Stürme ertragen musste, allein. Gut, während der Woche hatte die Arbeit sie so gefangen genommen, dass sie tagsüber keine Gelegenheit hatte, an ihren Verlobten zu denken. Aber ein wenig Mitgefühl von ihm hätte sie gut gebrauchen können.

Nach seiner zweiwöchigen Fortbildung, während der er sich nie von sich aus bei ihr meldete, sondern sie anrufen und in der Regel auf die Mailbox sprechen musste, hatte er sich von ihr in einer Art verabschiedet, die sie sehr verstimmte. Schließlich war sie für ihn bereits um fünf aufgestanden, um ihn in fast dreistündiger Fahrt zu seinem Schiff zu kutschieren. An diesem Morgen schien er mit seinen Gedanken bereits auf den Wogen der See, so abwesend wie er geschaut und so hastig und wie nebenbei er seinen Kuss auf ihre Lippen gedrückt hatte. Selbst wenn sie den Eindruck erweckte, unausgeschlafen zu sein, musste er sich doch ihrer nicht schämen. Sie fand, dass sie dank ihrem Geschick, erfrischendes Rosé auf ihre Wangen zu zaubern, und in dem roten Mantel, der ihre schmale Gestalt zur Wirkung brachte, ganz flott aussah. Aber so waren sie halt, die Männer, wenn das Abenteuer draußen in der Welt lockte. Wie gehetzt war er die Gangway hinaufgestürmt, ohne noch ein einziges Mal den Blick zurückzuwerfen, was sie sich gewünscht und, wie sie meinte, irgendwie verdient hatte. So schien ihr Winken verpufft, und sie kam sich ein wenig lächerlich vor.

Sie schüttelte den Kopf über ihre unwirschen Gedanken, die sie allein auf ihre Müdigkeit zurückführte. Eine Viertelstunde später blickte sie ungeduldig auf ihre Armbanduhr. Nun musste es bald losgehen, denn die Maschinen stampften, und der Lotse stand an Bord bereit, um das Schiff sicher aus dem Hafen zu führen. Sie fror mittlerweile in ihrem dünnen Mantel. Zum Glück umschmeichelte das Seidentuch nicht nur ihren Hals, sondern wärmte sogar.

Das Schiffshorn erklang, und prompt begann ihr Herz zu hämmern. Insgeheim sah sie ihn vor sich, den Mann, an dem allein seine körperliche Größe ein hervorstechendes Attribut war. Sie malte sich aus, wie er den schlanken Finger auf den roten Knopf legte, mit dem er das Abschiedssignal ertönen ließ, den gewöhnlich leicht gebeugten Rücken gerade, den Kopf mit dem feinen blonden Haar unter der Kapitänsmütze, die für ihn immer etwas zu groß wirkte, hoch erhoben.

Trotz seines raschen Lebewohls erschien es ihr heute allerdings nicht wie ein nur für sie bestimmter letzter Gruß. Heute hatte dieses Lebewohlzeichen keine tiefere Bedeutung.

Als der lang gezogene Ton der Schiffssirene verklungen war, seufzte sie und wandte sich zum Gehen. Es hatte keinen Zweck, mit derart mieser Stimmung den Tag zu beginnen. Sie war jung – gut, kein Teenager mehr, aber mit beinahe vierzig auch noch nicht alt –, und sie liebte das Leben. Ihr Liebster würde in drei Monaten wieder in Genua an Land gehen, gesund und munter, und sie hatte somit keinen Grund, Trübsal zu blasen. Er würde sie in seiner zurückhaltenden, warmherzigen Art in die Arme schließen, ein wenig scheu, so als traue er seinen Gefühlen nicht. Doch daran hatte sie sich mittlerweile gewöhnt. Er war kein Draufgänger, auch wenn das manch eine Frau aufgrund seines Berufes in ihm witterte.

Sie schickte sich an, zum Parkplatz zu gehen, als sie mit einer anderen Frau zusammenstieß. »Entschuldigung«, murmelte sie, und wollte sogleich weiter zum Auto stürmen, um endlich ins Warme und Trockene zu gelangen, als sie erkannte, mit wem sie zusammengeprallt war.

»Oh, hallo, Oriella«, sagte sie überrascht zu der alten Schulfreundin, mit der sie jedoch in den letzten fünf Jahren nicht mehr viel Kontakt pflegte. Genauer, seit der Trennung von Oriella und Emanuele aufgrund einer Liebschaft Oriellas mit einem anderen. Isabella wusste, dass Emanuele lange daran zu knabbern gehabt hatte. Er, dem natürliches Selbstbewusstsein nicht in die Wiege gelegt worden war, hatte sich viel Zeit gelassen, bis er sich zu seinen Gefühlen ihr, Isabella gegenüber, bekannte. Sie war die Drängende gewesen, doch als kluge Frau hatte sie sich in Geduld geübt und ihm nach und nach auf sanfte Art klargemacht, dass sie die Richtige für ihn sei. Und im nächsten Jahr würde sie ihre Diplomatie erneut aufbieten und ihm beibringen, dass es langsam mit dem Heiraten pressierte. Nach drei Jahren sollte man sich seiner Gefühle klar sein. Und sie passten zusammen. Nein, sie einte keine überbordende Leidenschaft. Aber sie liebten sich.

»Was machst du denn hier?«, fragte sie die hochgewachsene Rothaarige mit der hellen Haut, deren Hände nicht verleugnen konnten, dass sie mit Freuden in der Erde buddelte, ob das Wetter es zuließ oder nicht.

»Ich habe meine Tante zum Schiff gebracht. Sie macht mit Freundinnen eine Kreuzfahrt«, antwortete Oriella.

»Ich dachte schon, du hättest ebenfalls Emanuele verabschiedet«, entfuhr es Isabella. Sie errötete. Was für ein Unsinn.

»Nein, wie kommst du darauf?«, lachte Oriella. »Ich durfte allerdings meine Tante an Bord und in ihr Zimmer begleiten, weil sie behindert ist.« Sie schaute auf die Uhr. »Du, ich muss los. War nett, dich zu sehen.«

»Ja, wir müssen uns unbedingt einmal wieder treffen«, rutschte es Isabella heraus, um im gleichen Moment ihre Worte zu bereuen, die sie allein aus ihrer momentanen Niedergeschlagenheit von sich gegeben hatte. Sie mussten sich nicht treffen, denn sie hatten sich nicht mehr viel zu sagen.

Oriella schien ohnehin kein größeres Interesse zu haben. Sie nickte abwesend. »Unbedingt. Wir telefonieren. Ciao, mach's gut.« Mit diesen Worten wandte sie sich um.

»Ja, du auch«, murmelte Isabella der davoneilenden Gestalt hinterher. Sie wusste, dass sie beide keinen Gebrauch vom Telefon machen würden, zu sehr hatten sie sich mittlerweile voneinander entfernt.

Sie nahm den Autoschlüssel aus ihrer Manteltasche und schloss den Wagen ihres Vaters auf. Dann steckte sie den Schlüssel ins Schloss und tatsächlich, der Peugeot sprang an, was immer wieder einem Wunder gleichkam, so eigenwillig er sich aufgrund seines Alters oft verhielt. Sie hatte sich eine Parkmöglichkeit gesucht, die viel Platz um sie her bot, sodass sie ohne Probleme auf die Fahrbahn gelangte. Ihre Idee, noch ein wenig durch Genua zu bummeln, verwarf sie. Dazu war ihr schlicht die Lust vergangen.

Konzentriert den Anweisungen des Navis folgend, verließ sie den Hafen, wobei immer wieder ihre Zungenspitze zwischen ihre Lippen wanderte, obwohl sie die Strecke mittlerweile recht gut kannte. Die Straßen waren um diese Zeit noch nicht komplett dicht, sodass sie gut vorankam und Riva unfallfrei erreichte. Dafür dankte sie ihrem Herrgott auch jedes Mal, indem sie generell langsam und vorsichtig fuhr.

Mittlerweile verdichtete sich erneut der Nebel, der sich im Laufe des Tages ein wenig gelichtet hatte, sodass das Gutshaus mit dem See im Hintergrund, über den zarte Dunstschleier waberten, einem hingehauchten Gemälde glich, so einem, wie ihr Vater es immer wieder – äußerst lukrativ – zu Papier brachte.

Da sie sich mit der Rückfahrt Zeit gelassen hatte und dann doch noch in ein Café irgendwo am See eingekehrt war, hatte sich ihre Familie bereits zur Mittagsruhe begeben. Sie schaute in den Kühlschrank und fand wunderbarerweise, bereits auf einem Teller für die Mikrowelle angerichtet, Reste des Schinkenbratens, ein Gemüseallerlei und sogar noch einige Schupfnudeln. Sie stellte den Teller in die Mikrowelle und aß dann in der Küche, wobei ihre Gedanken immer wieder zu Emanuele glitten. Als hätte er sie gelesen, meldete sich ihr Smartphone, und erfreut erkannte sie die Nummer von Emanuele.

»Hallo, *Cocco*. Das ist aber nett, dass du dich noch einmal meldest«, sagte sie freudig erregt.

»Ja, nur leider hab ich ganz wenig Zeit. Weswegen ich anrufe: Hast du zufällig mein Handy entdeckt?«

Seine Stimme klang kein bisschen liebevoll, wie sie traurig bemerkte, doch ohne sich ihren Kummer anmerken zu lassen, erwiderte sie: »Aber wieso, du … du rufst mich doch gerade von deinem an.«

Sie bemerkte, wie er zischend Luft holte. »Nein, ich rede von meinem Smartphone, das ich nur für die Arbeit nutze. So ein rostrotes.«

»Seit wann vermisst du es?«

»Seit heute erst.«

»Dann brauche ich also nicht in meiner Wohnung zu suchen?«

»Nein. Es kann nur in deinem Auto liegen.«

»Oh, tut mir leid, Schatz, ich werde den Wagen absuchen und wenn ich es gefunden hab, melde ich mich.«

»Ja, mach das. Heute noch.«

Aber sicher doch, ich fliege, dachte sie spöttisch. »Wenn du nichts mehr von mir hörst, dann muss es irgendwo anders sein. Vielleicht in deiner Wohnung. Soll ich dann rasch rüberfahren und nachschauen, damit du beruhigt bist?«

»Um Gottes willen«, stieß er hervor. »Bloß nicht. Bei mir sieht's furchtbar aus.«

»Na, dann nicht.«

»Also, wir hören voneinander.«

»Ich melde mich, wenn ich Erfolg habe.« Sie wollte noch ein paar liebe Worte hinzufügen, doch da hatte er bereits aufgelegt. Und wenn ich nichts finde, dann hast du Pech gehabt. Auf keinen Fall werde ich dich dann noch einmal anrufen, dachte sie trotzig.

Seufzend ging sie hinunter und suchte im Wagen nach dem Handy, doch ohne Erfolg. Nun, dann konnte es nur noch in seiner Wohnung liegen, aber da sollte sie ja nicht hin. Sein Problem.

Am Abend kam ein erneuter Anruf von Emanuele, doch auch diesmal konnte sie ihn nicht mit einer positiven Antwort erfreuen. »Ich hab mein Zimmer abgesucht, Schatz, das Auto auseinandergenommen, aber es ist einfach unauffindbar«, sagte sie seufzend.

»So ein verdammter Mist!«

»Es tut mir so leid.«

»Dein Mitleid nützt mir jetzt auch nichts.«

Betroffen hielt sie den Mund.

»Also, ich muss Schluss machen. Bis dann.«

»Ja, und gute Fahrt.« Er hatte sie bereits weggedrückt. Ihre Lippen waren ausgedörrt. Ihr Verlobter war momentan einfach unausstehlich. Es wurde Zeit, dass sich etwas änderte.

7

Eine Woche später, am frühen Samstag, erfreute das Herz aller ein frischer Morgen, lichtfunkelnd und von solcher Klarheit, wie sie es hier am See besonders im frühen Winter erlebten. Isabella hatte sich beruhigt. Wenn Emanuele von seiner Reise heimkam, wollte sie mit ihm ernsthaft reden. Wenigstens ihr neuer Job besserte ihre Laune. Die Arbeit mit ihrem Chef war toll, sehr anstrengend, vor allem die langen und eventuell verspäteten Flüge, aber auch ausnehmend interessant. Sie verstanden sich so gut, wie sie vorher nicht zu hoffen gewagt hatte. Dennoch genoss sie heute das Wochenende, welches sie zu Hause verbringen konnte.

Nach dem Frühstück gingen alle ihrer Wege. Isabella überlegte gerade, ob sie Antonia einen Besuch abstatten oder sich einfach in die Stadt zum Bummeln und vielleicht sogar zum Shoppen begeben sollte. Aber dann entschied sie sich anders. Sie hatte in den letzten Wochen viel Glück gehabt, anregend Neues erlebt und konnte die nächste Zeit ohne finanzielle Nöte dank ihrer Arbeit bei Vincenzo Collani überstehen. Eine stille Einkehr für ein Dankgebet war wohl das Mindeste, was sie ihrem Gott schuldete. Sie würde einmal wieder die Kirche Chiesa dell'Assunzione della Beata Vergine Maria besuchen. Das ehrwürdige

Gotteshaus wurde im achtzehnten Jahrhundert im Barockstil erbaut und bestand aus acht Seitenkapellen, deren zahlreiche Ölgemälde sowie die Stuckarbeiten es so besonders machten. Dann, überlegte sie, ging es weiter zur Porta St. Michele, einem der ehemaligen Stadttore, dessen Turm der Kirche als Glockenturm diente. Wenn sie Lust dazu verspürte, konnte sie im alten Bahnhof einkehren. Da die Bahnlinie von Riva mittlerweile stillgelegt war, beherbergte der sehenswerte Bahnhof ein Restaurant, das sie gern aufsuchte. Beenden würde sie den Bummel am Platz des 3. Novembers mit seiner wundervollen Aussicht auf den See. Der Platz war von Arkaden umgeben, die nicht nur die Einheimischen, sondern auch die Touristen begeisterten. Diese von Säulen und Bögen getragenen Häuser stammten aus dem vierzehnten Jahrhundert und waren einzigartige architektonische Meisterwerke, allen voran das Wahrzeichen Rivas – der noch ältere, vierunddreißig Meter hohe und schiefe Uhrturm Apponale, der einst zur mittelalterlichen Stadtmauer gehörte. Alles in allem eine echte Sightseeing-Tour, überlegte sie gut gelaunt.

Sie zog sich ausgehfein an und verließ das Haus. »Hallo, Papa, du hast doch erst vor ein paar Tagen deinen Wagen gewaschen. Du ruinierst noch den Lack«, frotzelte sie.

»Red du nur. Dank meiner Pflege ist er noch so schön wie am ersten Tag«, erwiderte ihr Vater nicht ohne Stolz. »Ich hab da übrigens was von dir gefunden.« Mit diesen Worten hielt er ihr ein

Handy entgegen. Es war natürlich nicht ihres, sondern das von Emanuele, wie sie sofort an der Farbe erkannte.

»Oh, Gott sei Dank. Emanuele hat es so gesucht. Es ist doch sein Arbeitshandy.«

»Na, da hat er ja noch mal Glück gehabt. Es hatte sich nämlich unter dem Teppich im Auto versteckt.«

»Deshalb hab ich es nicht gefunden«, seufzte Isabella.

»Da siehst du, wie gut es ist, wenn man ordentlich arbeitet.«

»Ja, du hast recht«, lachte sie. »Merci, Papa. Ich bring es rasch rein, damit es nicht noch mal verloren geht.« Sie betrat erneut das Haus und ging in die Küche.

»Salve, Mama«, sagte sie und gab ihrer Mutter, die am Küchentisch die Zeitung las, einen Kuss.

»Du, schau, was ich hier hab.« Mit diesen Worten deutete Chiara auf ein Foto.

»Aber das ist ja das Schiff von Emanuele.« Isabellas Augen weiteten sich, und eine unerklärliche Angst kroch in ihr hoch. Hoffentlich war nichts passiert. Zu deutlich stand noch vor ihren Augen das schreckliche Schiffsunglück, das sich vor Italiens Küste durch einen fatalen Fehler des Kapitäns ereignet hatte.

»Ja, und was in dem Artikel steht, solltest du dir mal genau durchlesen«, sagte ihre Mutter mit trauriger Stimme.

Isabella beugte sich herab und las die Überschrift. Geschockt ließ sie sich auf den Stuhl neben Chiara sinken und zog die Zeitung zu sich heran. *Kreuzfahrtschiff nach einer Woche auf Reede wieder bereit für die Weiterfahrt auf See!*

Sie las den Artikel zu Ende, dann blickte sie ihre Mutter an. »Eine Woche und er hat nicht einmal angerufen. Ich fass es nicht.«

»Schätzchen, da ist etwas faul«, sagte Chiara leise.

In Isabellas Ohren rauschte es. Hier war nicht nur etwas faul, hier hatte die Katastrophe einen Namen bekommen: Betrug! Alle Alarmzeichen in der Vergangenheit konnten nun von ihr nicht mehr verdrängt werden.

Sie zog sich den Mantel aus und warf ihn über den Stuhl. Dann nahm sie sein Handy und schaltete es ein. Passwortgeschützt, Mist. Aber sie wurde nicht umsonst von ihrem Chef wegen ihrer Gewieftheit in der digitalen Welt geachtet. Emanuele war ein Mann ohne Fantasie, was die Sache hoffentlich vereinfachte. Sie gab sein Geburtsdatum ein. Fehler. Sie gab ihren Namen und ihr Geburtsdatum ein. Doppelfehler! Jetzt hieß es, aufzupassen. Mit gefurchter Stirn konzentrierte sie sich. Da fiel ihr ein, wie sehr er seine Mutter liebte. Die hatte am 1fünfzehnten Dezember Geburtstag. Mit bebenden Fingern tippte Isabella den Vornamen seiner Mutter plus ihr Geburtsdatum ein. Bingo!

»Möchtest du einen Schnaps?«, fragte Chiara mit zaghafter Stimme. »Oder lieber einen grünen Tee?«

Isabella schüttelte den Kopf. »Schnaps.«

Es war früher Morgen, eigentlich zu früh für Schnaps, doch genau das Richtige, um einer Katastrophe ins Auge zu sehen. Ungeniert scrollte sie durch alle Messenger-Apps und SMS.

Im Hinterkopf lauerte die Vermutung und sie bewahrheitete sich auf das Schmerzlichste: Er war tatsächlich ein Mann ohne Fantasie. Er betrog sie mit seiner Exfreundin Oriella. Und nicht nur das. Es hatte auch keine Fortbildung gegeben. Sie erkannte, dass er das Wetter der Seiser Alm des Öfteren überprüft hatte, zuletzt am Tag seiner Abreise zu dieser ominösen Fortbildung, davor hatte er ein Hotel auf der Alm gebucht. Die *Fortbildung* hatte mithin in wunderschöner Gegend in einem Viersternehotel stattgefunden. Worin Oriella ihn wohl fortgebildet hatte?

Sie stürzte den Schnaps hinunter – Vaters bester, ein Haselnussschnaps –, stand auf und riss das Fenster auf. So ein Mistkerl! Sie würde sich rächen, aber wie!

Sie hatte den Gedanken, welche Art Rache sie vornehmen würde, noch nicht im Kleinsten angedacht, da klingelte Emanueles Telefon. Vor Schreck zuckte sie regelrecht zusammen. Er rief von seinem Handy auf seinem sogenannten *Arbeitshandy* an, das er nur für Oriella reserviert hatte. Aha! Wahrscheinlich wollte er Isabella jetzt testen. Er musste damit rechnen, dass sie sein Handy inzwischen längst in ihrem Wagen gefunden hatte.

Ihr Adrenalin ging durch die Decke.

Sie überlegte, ob sie das Gespräch annehmen sollte, um ihm auf diesem Weg mitzuteilen, dass sie Bescheid wusste. Doch dann hielt sie inne. Nein, es war besser, sie stellte sich dumm. In Sachen Betrug galt es, vor allem in den ersten Stunden seiner Entdeckung, einen kühlen Kopf zu behalten, wie sie von ihrem Chef gelernt hatte – was er selbst jedoch nicht immer beherzigte. Er war auf den Betrüger, einen seiner Vertragspartner, den sie letztens zu überführen vermochten, zugestürmt wie ein wütender Stier – der kühle Kopf hochrot wie ein Koksofen.

Dennoch hatte er recht – Coolness war jetzt gefragt, gepaart mit Verstand. Und tatsächlich läutete kurz darauf ihr eigenes Handy. Nach kurzem Überlegen nahm sie seinen Anruf entgegen und vernahm seine bekannte und noch heute Morgen so geliebte Stimme.

Sie räusperte sich kurz und sagte dann: »Oh, hallo, Schatz.« Wie leicht es ihr fiel, liebreizenden Schmelz in ihre Stimme zu legen. Allerdings hätte er sofort das Unnatürliche darin erkannt, wenn er sie wirklich liebte, was nicht der Fall war. »Wie schön, dass du anrufst.« Urrrgh!

»Hallo, mein Schatz«, antwortete er. »Ich wollte nur einmal wieder deine liebe Stimme hören«, setzte er hinzu. Der Schmelz in *seiner* Stimme sättigte ihren Magen bis zum Hals mit Salzsäure. Doch auch das leichte Zittern darin entging ihr nicht. »Du hast vielleicht gelesen, dass wir auf Reede lagen. Leider war es mir unmöglich, das Schiff zu verlassen. Strenge Vorschriften, wie du weißt.«

Und es war dir unmöglich, mich zwischenzeitlich einmal anzurufen. Dein *Arbeitshandy* war ja verloren gegangen und eine andere Möglichkeit der Telekommunikation gab es nicht. »Das ist lieb. Ich vermisse dich jetzt schon.« Und werde dich, wenn ich dich endlich zu fassen kriege, in Mus verwandeln, nachdem ich dich bei lebendigem Leib durch den Schredder gejagt habe, sinnierte sie.

»Äh. Ja. Und?«, fragte er scheinbar harmlos, aber er konnte sie nicht täuschen. Er war nervös, stand kurz vor einem Kollaps, wie sie wusste, denn er gehörte nicht zur nervenstarken Spezies – an die armen Passagiere während eines Notfalls durfte sie gar nicht denken. Wahrscheinlich würde er als Erster das sinkende Schiff verlassen – womit er nicht der erste Kapitän wäre, der sich so verhielte.

Isabella ballte die Faust. »Ja?«, säuselte sie.

»Gibt's was Neues?«

Achtung, Isabella. Dein Name ist Hase! »Was Neues? Hm … nein, wenn du so fragst«, schnurrte sie. »Die Sonne scheint immer noch, und ich, ich freu mich noch immer wie ein Honigkuchenpferd, dich in drei Monaten wiederzusehen.« Beinahe hätte sie noch ein *Orso* hinzugefügt, so wie Oriella ihr »Bärchen« Emanuele in ihren SMS- und Messenger-Nachrichten immer nannte.

»Du, Idiotin!« Jetzt kippte seine Stimme vollends und die Härte darin war unüberhörbar.

Aha, dachte Isabella und straffte den Rücken. Jetzt zeigt er sein wahres Gesicht.

»Entschuldige, mein Nervenkostüm hängt in Fetzen an mir herab«, faselte er. »Ich meine, gibt's was Neues zu meinem Arbeitshandy?«

»Nein, das hätte ich dir doch längst gesagt.«

»Äh …«

»Oh, tut mir leid, Schatz, ich muss Schluss machen. Elisa ruft. Ich hab versprochen, ihr beim Kochen zu helfen.« Sie konnte nicht mehr. Keine Sekunde länger würde sie mit diesem Menschen reden. »Nun denn, mach's gut, mein Schatz.« Adieu, du Lump, fauchte sie, wenn auch nur in Gedanken. Sie würde sich auf keinen Fall entlarven, dass sie sein Handy gefunden hatte. Irgendwann, bald, würde sie ihm den Laufpass geben – wenn er es nicht vorher tat. Aber er war feige, wie sie ja wusste, denn sein Fremdgehen hatte bereits kurz nach ihrer Verlobung begonnen. Ach, wäre sie doch ein schlechter Mensch, dann würde sie versuchen, sein Konto zu plündern. Doch so viel Gemeinheit besaß sie nicht. Aber sie könnte in seinem Namen an Oriella schreiben, irgendetwas Teuflisches, das Oriella in bodenlose Trauer stürzen würde. Doch vielleicht saß die gerade auf seinem Schoß, und damit wäre ihr Coup auf Anhieb enttarnt – nichts taugte ihr zur Rache.

»Tu jetzt nichts, was du später bereust«, mahnte da ihre Mutter, die beobachtet hatte, wie flink Isabellas Finger über das Smartphone gehuscht waren.

»Nein, ich passe auf mich auf. Danke, Mama.« Sie stand auf und umarmte ihre Mutter. »Ich bin oben. Mach dir keine Sorgen.«

»Ach, Schatz«, sagte ihre Mutter traurig. »Vergiss bitte nicht: Es gibt Männer wie Sand am Meer.«

»Ich weiß, Mama. Und ich weiß auch, dass eine moderne, intelligente Frau mit vierzig noch einmal einen gescheiten Mann trifft, der womöglich sogar zur Heirat bereit wäre, so häufig ist wie Junischnee am Gardasee.« Aufgebracht und angewidert von dem Verhalten Emanueles, ging Isabella hinauf in ihre Wohnung. Sie war so böse, dass ihre Wut der Trauer über den Verlust des Geliebten noch keinen Platz bot.

Mit jedem Schritt wurde ihr klarer, wie sie das Problem lösen wollte. Als Erstes würde sie das Smartphone versenken – in den Elefantenfuß. Doch als sie in ihrem Zimmer saß und die Pflanze betrachtete, überlegte sie es sich anders. Nein, der geliebte Elefantenfuß durfte nicht dafür herhalten. Zum einen wollte sie ihre ausgefallene Pflanze nicht mit Emanueles Drecks-Smartphone kontaminieren, zum anderen stand die Pflanze fast trocken – das Smartphone könnte hundert Jahre in der Erde überleben. Mit zusammengezogenen Brauen wanderte ihr Blick zum Zyperngras. Jawohl. Hier stand das Wasser immer einige Fingerbreit – der rechte Ort für sein stylisches Smartphone.

Sie stand vor der tiefen Fensterbank und wollte dem Handy gerade ein »Seemannsgrab« bereiten, da entschied sie sich abermals anders. Nein, laut Feng-Shui sollte man sich nicht mit Dingen umgeben, die mit unangenehmen Lebensphasen in Zusammenhang standen, oder so ähnlich. Die Phasen, in denen sie viel Zeit damit zugebracht hatte, Feng-Shui zu praktizieren, gehörten längst der Vergangenheit an, trotzdem eine einleuchtende Idee. Also raus damit.

Sie öffnete das Fenster, dann schloss sie es wieder. Quatsch, das Smartphone würde nicht leiden, wenn es auf dem samtigen Rasen landete. Hier half nur der Vorschlaghammer! Und wenn der zugeschlagen hatte, dann würde sie sich von dem Kerl trennen – ehe er es tat. Sie wollte ihm klarmachen, dass sie sich verliebt hatte – in ihren Chef. Und dass sie sich daher von ihm trennen müsse. Die Gefahr bestand allerdings darin, dass er vorher mit ihr Schluss machte – per SMS, wie sie ihn kannte, denn er war, wie gesagt, ein Feigling.

Am Mittag, ausnahmsweise vor dem Essen, was eigentlich verboten war, klärte sie ihre Familie auf: Dass Emanuele sie betrog und dass sie sein Smartphone, welches er bei ihr verloren und das ihn verraten hatte, zu zerstören gewillt war – wogegen Chiara, sonst sehr genau mit dem Einhalten korrekten Benehmens, diesmal keinen Mucks hervorbrachte.

»Und? Leidest du sehr unter seiner Untreue?«, erkundigte sich Elisa mit runden Augen.

»Ich werde es überleben«, erwiderte Isabella schulterzuckend. »Rache jedenfalls versüßt den Verlust. Ich gedenke, diese Rache heute in Angriff zu nehmen. Oder besser noch sofort. Folgt mir bitte.«

Und dann gingen alle nach draußen und wohnten dem Tod des Smartphones bei, bei dem ihr Vater mit Elan erneut mit dem Vorschlaghammer darauf einschlug, nachdem Isabella bereits mehrmals ihre Wut auf Emanuele daran abgearbeitet hatte. Allerdings hatten es sowohl Paula als auch er mit Schrecken in der Stimme untersagt, das unliebsame Gerät mit einem der beiden Sichelrasenmäher zu zerstören, für die sich Isabella spontan hatte entscheiden wollen, nachdem sie entdeckte, wie sie unschuldig an der Wand lehnten. Es bestand die Gefahr, dass dieser geliebte Mäher – von dem es natürlich noch ein Pendant für Paula gab – dabei Schaden nahm. Schließlich ließen es sich Paula und Thibault nicht nehmen, sich dem samtweichen Rasen zweimal in der Woche zärtlich zu widmen, was ihnen bestens bekam – dem Rasen und den beiden Gärtnern.

Isabella hätte sich gern an dem zermalmenden Geräusch der Mäher delektiert, doch der Hammer war natürlich erste Wahl. Das Zerknirschen des Gehäuses glich in ihren Ohren den Engelstrompeten zu Weihnachten.

Danach begaben sie sich fröhlich – wogegen fröhlich bei Isabella übertrieben war, befriedigt traf es besser – ins Haus und widmeten sich dem köstlichen Essen.

Am nächsten Tag setzte sie sich im Turmzimmer ans Fenster. Die letzte Woche war sehr angenehm gewesen. Sie hatte die kommenden Reisen zusammengestellt, und ihr Chef hatte sie wieder einmal zum Essen eingeladen. Ein angenehmer Mann, wenn man es genau betrachtete. So schöne Tage – und ein solches Ende ihrer Beziehung am gestrigen Samstag. Sie hatte mit ihrer Trennung von Emanuele noch eine Woche warten wollen, doch dann entschied sie sich anders. Sie konnte keinen weiteren Tag aushalten, bevor nicht reiner Tisch gemacht wäre.

Es war noch ein wenig Zeit bis zum Abendessen, die sie sinnvoll nutzen würde. Sie schüttete sich mit einer energischen Bewegung den letzten Tropfen Rotwein in die Kehle, dann nahm sie innerlich bebend ihr Smartphone. Es war Zeit für den letzten Akt mit ihrem Exfreund. Seine Nummer kannte sie auswendig, obwohl sie ihn vollkommen aus ihrem Speicher gelöscht hatte. Zum Glück nahm er den Anruf sofort entgegen.

Ehe er die Gelegenheit ergriff, ihr weiterhin irgendetwas vorzulügen, ergriff sie resolut das Wort. »Hallo, *Cocco*«, zwitscherte sie. *Schätzchen* würde sie ihn heute zum letzen Mal nennen. An ihrer Stimme erkannte sie die wohltuend entkrampfende Wirkung von Rotwein auf mittlerweile fast nüchternen Magen. Obwohl *Schätzchen* in ihrer jetzigen Situation eigentlich übertrieben war.

»Hallo«, antwortete er wortkarg.

»Manu«, sie benutzte absichtlich die Abkürzung seines Namens, wie sie es ganz am Anfang ihrer Liebe getan hatte, bevor er ihr beigebracht hatte, wie sehr er diesen Namen hasste. »Manu, ich muss dir etwas sagen.« Sie flößte ihrer Stimme so viel Weh ein, dass jeder Theaterregisseur sie engagiert hätte. Lauernd legte sie eine kleine Pause ein.

»Ja, was?«

Seine Antwort kam mit einem angespannten Unterton. Wunderbar!

»Rufst du an, weil du mein Handy gefunden hast?«

»Aber, Cocco«, summte sie. »Würde ich dich dann so auf die Folter spannen? Nein, es ist etwas anderes. Etwas Ernstes«, fügte sie boshaft hinzu. »Eigentlich wollte ich es dir schon gestern beichten, aber dann kam die Geschichte mit deinem Smartphone dazwischen, und ich konnte es dir nicht antun.«

Keine Reaktion.

»Du weißt doch, dass ich eine neue Stelle angetreten hab«, begann sie. »Ach, nein, das weißt du ja noch gar nicht. Wir waren so mit deinem Handy beschäftigt, dass das Wichtigste dabei untergegangen ist. Also«, sagte sie ein wenig abgehetzt, »es hat keinen Zweck, um den heißen Brei herumzureden. Kurz: Ich … ich hab mich in meinen Chef verliebt.« Sie machte eine kleine Pause. Sie war gut, beinahe hätte sie sich selbst geglaubt.

Wie nicht anders erwartet, kam kein unglücklicher Aufschrei, noch ein Mitleid erregendes Aufschluchzen. Genauer gesagt kam gar nichts. »Hast du mich verstanden? Ich … trenne mich von dir. Es tut mir leid, und ich hoffe, du nimmst es nicht allzu schwer.« Sie säuselte, dass ihr selbst Angst und Bange wurde. Ja, wenn es darauf ankam, konnte sie sich verstellen, und das erstaunlich gut, wie sie mit einem Hauch Beschämung feststellte.

Er räusperte sich. Dann sagte er: »Das trifft sich gut, denn ich wollte dich ebenfalls davon in Kenntnis setzen …«

In Kenntnis setzen! Isabella rollte die Augen. Hatte ihr *Manu* immer schon so gestelzt gesprochen?

»… dass ich mich ebenfalls neu verliebt habe.«

»Oh«, sagte sie mit Verve in der Stimme. »Da bin ich aber froh, ich hatte schon Sorge, weil es doch bei mir so plötzlich war … In wen denn? Kenne ich sie? Oder ist es ein Er?«, fügte sie hinterhältig an. »'Tschuldige, kleiner Scherz.«

»Ja, deine Scherze waren immer schon urkomisch«, antwortete er. »Und ja, du kennst sie.«

»Und, wer ist es?«, tat sie gespannt.

»Es handelt sich um meine alte Liebe Oriella.«

»Ach, das freut mich für dich.« Beim Klang ihrer Worte dachte sie unwillkürlich an die Marzipanmakronen, die Elisa so gern buk, und die so pappig süß waren, dass sie ihr stets im Halse kleben blieben. »Also fällt uns die Trennung beiderseits nicht so schwer. Dann grüß doch bitte ganz lieb Oriella von mir.« Sie hatte eigentlich vor, das Gespräch hiermit zu beenden, doch dann fiel ihr ein, dass er immer noch auf der Suche nach seinem Smartphone war.

Abwartend hielt sie inne. Und wie erhofft kam die Retoure. »So, jetzt lass mal das Gesülze. Wenn du mein Smartphone gefunden hast und es mir unterschlägst, dann kannst du was erleben, *capisci*?«

»Manu, bist du verrückt?«, fragte sie und fand sich wunderbar. »So was würde ich nie wagen.

Das wäre ja kriminell.« Sie grinste böse. »Obwohl … ach nein, das kann es nicht sein …«

»Was denn?«, erkundigte er sich scharf.

»Meinem Vater ist eben auf der Wiese vor dem Haus, wo du immer parkst, ein Malheur passiert. Also«, fuhr sie mit reiner Freude im Herzen fort: »Er mäht die Wiese, da hört er doch plötzlich ein Rattern und einen Knall, und es stirbt der Motor von dem Aufsitzmäher ab«, fabulierte sie. Totaler Blödsinn, denn die Wiese war wie immer im Winter noch keinen Millimeter gewachsen, seit sie wie gewöhnlich bis in den späten Herbst zwei Mal die Woche gemäht worden war. Zudem besaßen sie gar keinen Aufsitzrasenmäher. »Er steigt ab und was sieht er?«, fragte sie rein rhetorisch.

»Was?«, schnauzte ihr Exgeliebter.

»Er hat doch tatsächlich ein Handy überfahren. Das muss dem Paketauslieferer aus der Tasche gefallen sein«, säuselte sie. »Deines kann es nicht gewesen sein, denn es war rot und dein Handy ist doch schwarz.« Sie ließ sich die Worte langsam auf der Zunge zergehen.

»Du blöde Kuh! Ich hab dir doch gesagt, dass das mein Berufshandy ist – also das rote nutze ich für die Arbeit, und das schwarze ist nur für dich«, kreischte er.

»Tut mir leid, Manu. Aber ich fürchte, da ist nichts mehr zu machen. Es ist schon in die Tonne gewandert. Aber jetzt, da ich weiß, dass es dir gehört …« Der Vorschlaghammer hatte alles gegeben, wozu er in der Lage war. »… kann ich es vielleicht retten. Wobei … ich fürchte, es hat doch großen Schaden genommen.« Von dem es sich nie wieder erholen wird, schickte sie insgeheim voller Freude hinterher.

»Ach, vergiss es!«, schrie er, und Isabella durchzuckte nicht zum ersten Mal Freude, dass der liebe Gott ihr Emanueles Smartphone in die Hände gespielt hatte.

»Tut mir leid«, wiederholte sie. »Also dann alles Gute und liebe Grüße nochmals an Oriella.« Mit diesen Worten schaltete sie ihr Handy aus. Möge sie dir dein Leben zur Hölle machen! Ja, Rache war süß!

8

Dann kam der Samstag vor dem vierten Advent. Weihnachten stand vor der Tür, und Isabella beruhigte sich allmählich wieder. Ihr Verlobter hatte sie betrogen und sich für Oriella entschieden. Mochte Emanuele irgendwann erkennen, dass dies die falsche Wahl gewesen war. Sie jedenfalls stellte für sich fest, dass er ihr mit seiner Wahl möglicherweise einen großen Gefallen getan hatte.

Sie wunderte sich mehr als ihre Familie und ihre Freundinnen und konnte es auch nicht richtig begreifen. Tatsache jedoch war: Es ging ihr gut. Die Arbeit mit Signor Collani lief wie am Schnürchen. Er stellte sich gar nicht einmal als so schwierig dar, wie sie erwartet hatte. Zudem schickte er sie unverlangt bis sechsten Januar in Urlaub – bezahlten, und ohne ihn auf den Jahresurlaub anzurechnen, versteht sich, wie er ihr bestätigt hatte, da er nicht gedachte, über die Feiertage in seinem Büro auch nur einen Finger krumm zu machen – mit Ausnahme, seiner Familie beim Kochen, Aussuchen der Tannenbäume, Geschenke einpacken zu helfen, seinen Neffen die letzten Notfall-Geschenke zu besorgen und sich ansonsten still im Hintergrund zu halten.

Gestern Nachmittag hatte sie sich von ihm verabschiedet, und dann war noch Zeit genug, die letzten kleinen Weihnachtsgeschenke zu kaufen. Heute Morgen war ihr Vater mit Paula und Chiara auf dem Weg, einen stattlichen Weihnachtsbaum auszusuchen, der wie gewöhnlich im Wohnzimmer seinen Platz einnahm. Gemäß der Tradition ihrer Großeltern, bestand Chiara darauf, dass er erst am Heiligen Abend geschmückt wurde.

Prompt musste Isabella auch diesmal wieder an ihre Kinderzeit denken, als sie mit ihrer Familie und ihrer Freundin Antonia den Weihnachtsmann und seine Gehilfin Natalina in ihrer Geschenke-Werkstatt aufgesucht hatten, die sich in der alten Festung befand. Während sie daheim natürlich vom Christkind beschenkt wurden, wie es ihre Großmutter immer gehalten hatte. Isabella konnte beiden Bräuchen etwas abgewinnen, handelte es sich doch um zwei so nette Gestalten.

Am dreiundzwanzigsten begaben sie sich alle zum wenige Kilometer vom See entfernten Canale di Tenno mit seinen engen Gassen, ineinander verschachtelten Steinhäusern und alten Gewölben, in denen heimische Handwerkskunst und regionale Produkte mit ihren verführerischen Düften zum Kauf einluden. Danach kehrten sie alljährlich im alten Gasthaus ein, um die leckeren Gerichte zu kosten, die jeder mit kindlicher Freude genoss, wozu natürlich auch der mitternächtliche Kirchenbesuch am Heiligen Abend und danach das Schlemmen von köstlichen Kleinigkeiten gehörte.

Mit dem vierundzwanzigsten begann die schönste Woche des Jahres. Alle netten Freunde und Verwandten, die man noch nicht während des Dezembers gesehen hatte, wurden in dieser Woche reihum besucht, man aß und trank zu viel, doch niemanden störte dies.

Nach dem gegenseitigen »Buon Natale« wurde am Heiligabend wieder reichhaltig geschmaust, jedoch auf Fleisch verzichtet. Stattdessen kam Fisch auf den Tisch. Diesmal hatte Elisa, unterstützt von den »Beiköchinnen« Chiara und Isabella, sich wieder einmal selbst übertroffen. Nach den Primi Piatti, wahlweise Pasta con Gamberi oder Risotto ai Frutti di Mare, folgten die Secondi Piatti mit Wolfsbarsch, Lachs oder Stockfisch mit Gemüse. Den Abschluss bildete der Pan d'Oro, der gemäß seiner Farbe genannte Weihnachtskuchen in Sternform, wie er gern in der Gegend um Verona genossen wurde.

Das große Weihnachtsessen am folgenden Tag wurde bei ihnen nicht mittags, sondern am frühen Abend eingenommen. Und es war ein solches Ereignis, das sie kaum unter drei Stunden beschäftigte. Diesmal gab es vorab noch Antipasti wie Kalbfleisch mit Thunfischsoße, Rindercarpaccio mit würzigem Parmesan und Carne Cruda, eine Art Rindfleischtaler. Ihnen folgten selbst gemachte Ravioli mit verschiedenen Hackfüllungen und als Krönung der Weihnachtsbraten, bei Niedrigtemperatur im Backofen köstlich gegartes Wildschwein, das auf der Zunge zerging, mit

Kartoffeln, Fenchel, Mangold oder Rotkohl und Wirsinggemüse.

Am Stephanitag, dem zweiten Weihnachtstag, gebot es die Tradition, dass sie erneut nach Tenno fuhren, um dort gegen zwei Uhr zu den Klängen der Sackpfeife die lebende Krippe zu bewundern – nachdem sie zu Hause lediglich eine leichte Suppe zu sich genommen hatten. Dabei sangen natürlich alle die Weihnachtslieder mit, während sie zu Hause auf das Mitsingen verzichteten und stattdessen Musik von den unzähligen Schallplatten und CDs laufen ließen: melodische, heitere Weihnachtslieder aus Italien, gemischt mit beschaulichen, heimeligen Advents- und Marienliedern aus Deutschland und Österreich.

Ja, es war ein herrlicher Monat, dieser Dezember, den Isabella sich nicht überschatten ließ von einer zu Ende gegangenen Liebesgeschichte. Im Januar war noch Zeit genug für Tränen. Aber im Dezember waren ihre Seele und ihr Gehirn auf Freude programmiert, und sie gedachte keinesfalls, sich diese von einem Kretin wie Emanuele verderben zu lassen.

Der Neujahrstag hielt ein ganz besonderes Spektakel parat: den »Tuffo di Capodanno«, den Neujahrssprung in den Gardasee. Er startete um elf Uhr, und die mutigsten Männer und Frauen der Region sprangen, hüpften oder schwangen sich dann todesmutig vom Ufer der Piazza III Novembre in den erfrischenden Lago. Isabella konnte nicht zählen, wie oft ihr Chef ihr mit ernster Miene dieses Datum mit dem speziellen

Event ans Herz gelegt hatte. Auf jeden Fall fixierten seine Augen sie dabei dermaßen bezwingend, dass ihr jedes Mal ganz heiß geworden war. Und natürlich hatte sie nicht widerstehen können, sich die Chose anzuschauen. Da sie sich sehr früh bei einstelligen Temperaturen mit Antonia und ihrem Vater sowie Paula an der Uferpromenade eingefunden hatten, standen sie nun fröstelnd fast am Rande des Sees, und tatsächlich, da war er, ihr unerschrockener Chef in den vordersten Reihen. Sie bemerkte, dass er sich suchend umschaute, und konnte sich nicht zurückhalten, ihm zuzuwinken – mittels einer altmodisch langen, rot gestreiften Badehose, die sie an einem ausgedienten Spazierstock festgetackert hatten. Als er umkehrte, kam er bei ihrer kleinen Gruppe an Land, und ehe sie sich versah, hatte er sie nass gespritzt.

Als sie den Blick auf ihn heftete, stellte sie anerkennend fest, dass er wohl gebaut war. Und dann wurden sie von einer lebhaften Schar lachender und schnatternder Männer und Frauen zur Seite gedrängt, wobei ihm eine besonders hübsche Blondine einen Bademantel überwarf, während die andere, von der sie aufgrund der Ähnlichkeit annahm, dass es sich um seine Schwester handelte, seinen Kopf zu sich herunterzog und ihm mit einem Handtuch das nasse Haar trocknete. Isabella blieb nichts anderes übrig, als ihm nur lachend über die Köpfe hinweg lauthals zu gratulieren, dass er das eisige Wagnis überlebt hatte. Dann begaben sich alle in die verschiedenen Cafés und Bars und feierten die Heroen und Heroinen, wobei sie zu ihrer leisen Enttäuschung ihren Chef aus den Augen verlor.

9

Zwei Monate später stieg Isabella aus dem Auto Vincenzos. Sie verabschiedete sich kurz und sah ihm hinterher, wie er wendete und dann weiter nach Limone fuhr.

Einen Moment stand sie sinnend in der Einfahrt. Der Park war fast überirdisch schön mit seinen verzuckerten Zweigen und den weißen Hauben auf den Koniferen – ein Naturschauspiel, wie sie es selten erlebten. Es war kurz vor drei, und vor dem Haus hatte ihr Vater die Granitplatten morgens in aller Frühe von den zwei Zentimetern Schnee befreit und Salz gestreut, damit sie auf dem Eis nicht ausrutschten.

Es war Montag, der siebenundzwanzigste Februar, und der vergangene Tag hatte der Region herrlichstes Winterwetter um den Gefrierpunkt und strahlende Sonne beschert, wie sie von ihrer Mama bereits am frühen Morgen am Telefon erfahren hatte. Und dann waren am Abend zuvor dunkle Wolken von Norden heraufgezogen, und irgendwann hatte es in den frühen Morgenstunden ein paar Flocken geschneit.

Früher als geplant mit ihrer Arbeit fertig geworden, waren sie einen Tag eher von Neuseeland und somit pünktlich zu ihrem Geburtstag zurückgekehrt. Vincenzo Collani hatte sich von allen Hotels getrennt und besaß jetzt nur noch jenes in Limone, das er seiner Mutter überschrieben hatte. Er brauchte sich kaum darum zu kümmern, denn es gab einen fähigen Hotelmanager, während seine Mutter nur den ausgedehnten Wellnessbereich genießen musste, was sie mit Freuden, wie er berichtete, Tag für Tag auch tat.

Gedankenversunken trippelte sie in ihrem dünnen Mantel mit hochgezogenen Schultern über den Hof, den Koffer in der rechten Hand und die riesige Handtasche in der Linken. Für die frostigen Verhältnisse war ihre Kleidung nicht geeignet, denn als sie zu der Reise aufbrachen, hatten über zehn Grad plus geherrscht, und in Neuseeland war jetzt ohnehin Sommer. Sie trug keine Mütze und fror an den freiliegenden Ohren. Diesmal hatten sie Neuseeland und Australien besucht, Gegenden, von denen sie vor einem halben Jahr nur hatte träumen können. Die vielen Reisen waren toll, aber das Nachhausekommen fand sie immer wieder am Schönsten.

Sie wollte sich gerade ins Gutshaus begeben, wo sie sich nach der langen Anreise frisch machen würde und wo Elisa in der Küche Isabella zuliebe diesmal bereits um drei Uhr, statt wie gewöhnlich gegen vier, den köstlichen Tee bereitet hatte. Isabella wollte nur eine Kleinigkeit zu sich nehmen, und dann ins Bett fallen. Sie freute sich schon auf die kleinen Toastscheiben, belegt mit Lachs und Dill oder Frischkäse und Gurkenscheibchen, sowie die leckeren Scones, die kleinen Weizenbrötchen, mit selbst gekochter Marmelade und fetter

Sahne, wie Elisa es vor vielen Jahren als Au-Pair-Mädchen in London gelernt hatte.

Sie lächelte aus Vorfreude angesichts dieser Köstlichkeiten, da bog ein silbermetallicfarbener Mercedes in den Hof ein.

Ach, du liebe Güte: John Hanson! Ihr Cousin, Stiefsohn ihrer Tante Elena. Auch das noch. Gerade jetzt, wo sie es sich gemütlich hatte machen wollen und die Familie ihren Erzählungen interessiert lauschen würde, musste er hier erscheinen. Was mochte ihn nur hergetrieben haben, so ganz allein? Und natürlich fuhr er viel zu schnell, sodass er auf dem Eis vor der Remise, in der Thibault seinen Wagen und die zahllosen Gartengerätschaften parkte, ins Rutschen geriet, bevor er mit einem heftigen Bremsmanöver den schlingernden Wagen zum Stillstand brachte. Der hatte ihr jetzt gefehlt. Seit dem Ende des Sommers hatte er sich nicht mehr bei ihnen gezeigt. Bereits in jüngeren Jahren, wenn sein früh verstorbener Vater Lennard und Elena, seine Stiefmutter, angereist waren, hatte er sich mit irgendeiner fadenscheinigen Ausrede entschuldigt. Und dann hatte er die Familie vor zwei Jahren mit der Nachricht überrascht, dass er die USA verlassen und in Genua eine Stelle als Banker angenommen habe. Von da an tauchte er im Sommer sporadisch an den Wochenenden bei ihnen auf, durchstreifte den Garten und lümmelte unten in der Gästewohnung mit irgendeiner »Barbie-Puppe« herum.

Dabei ging er allen nur auf die Nerven, anstatt sich nützlich zu machen und bei den Arbeiten im

Park mitzuhelfen. Zum Glück begab er sich an solchen Abenden in irgendein teures Restaurant oder zu seinen Banker-Freunden, die genauso geschniegelt und gähnend langweilig waren wie er, sodass sie nicht jeden Abend beim Essen den quälenden Smalltalk mit ihm hinter sich bringen mussten.

Gezwungenermaßen blieb Isabella am Eingang stehen und begrüßte ihn. Und dann erschienen auch schon ihre Eltern. Sie umarmten sich und dann reichte John ihnen huldvoll die Hand.

»Was führt dich um diese Zeit denn zu uns?«, fragte Thibault mit unverhohlener Abneigung in seiner Stimme.

»Nun, hat mein liebes Cousinchen nicht Geburtstag?« Er bekam keine Antwort, doch das schien John nicht zu bekümmern, denn er fuhr gut gelaunt fort: »Na, seht ihr. Den möchte ich doch nicht verpassen«, fügte er mit strahlendem Lächeln – sofern man das Mundverziehen so nennen wollte – hinzu. »Und da Zeit Geld ist und wir gerade alle so nett beieinander sind, möchte ich euch um ein Gespräch bitten. Jetzt. Wenn es euch recht ist. Ich möchte mir nur kurz den Mantel ausziehen und mein Gepäck reintragen.« Mit dieser Bitte, die alle als Drohung empfanden, drehte er sich um und ging zum hinteren Eingang, wo er durch die schwere Turmtür die Gästewohnung betrat. Die Schlüssel dazu hatte er sich irgendwann ohne Erlaubnis nachmachen lassen, wie sie schon seit dem Sommer wussten.

Alle schauten ihm verblüfft hinterher. »Du meine Güte, der will tatsächlich an meiner

Geburtstagsfeier teilnehmen. Das kann ich kaum glauben«, seufzte Isabella. »Aber vielleicht überlegt er sich's ja noch. Bei uns war ihm doch immer so fad.«

»Ich bin bloß gespannt, was er mit uns zu bereden hat«, sagte Chiara. »Aber komm doch rein und lasst uns erst mal einen guten Tee trinken, wer weiß, ob er wirklich sofort wieder angetanzt kommt. Vielleicht war es nur eine Drohung.« Alles nickte, und schwatzend betraten sie das Haus, das heute durch die Reflexion des Sonnenlichts auf der frischen Schneedecke durch die alten Glasscheiben hindurch noch heller strahlte als sonst.

»Prächtig schaust du aus«, befand Chiara. »Ich kann mich immer nur wundern, wie gut dir die Reisen anscheinend bekommen. Du wirkst gar nicht müde, trotz des langen Fluges. Und bist jetzt sogar noch brauner als im Sommer.«

»Und mir scheint, du hast sogar zugenommen, was dir ausgezeichnet steht«, befand Elisa.

»Selbst die Ankunft Johns scheint deiner guten Laune nichts anhaben zu können«, grinste Thibault.

»Nein, es geht mir wirklich sehr gut«, strahlte Isabella. Und es entsprach der Wahrheit.

John hingegen hielt sein Wort: Er beglückte sie bereits eine Viertelstunde später. Sie saßen alle gemeinsam in der Küche, als er bester Dinge erschien. Isabella verspürte mit einem Mal ein unangenehmes Kribbeln im Magen. Dieser Mann hatte nichts Gutes im Sinn, aber sie durchschaute beim besten Willen nicht, was er im Schilde führen könnte.

»Liebes Tantchen, liebes Cousinchen«, wandte er sich an Chiara, auf deren Wangen sich bei dieser Anrede sofort rote Flecke bildeten. »Ich will euch nicht so lange zappeln lassen. Es ist so weit. Ich möchte euch jetzt an unser Gespräch erinnern.«

»Spuck's gleich aus. Du weißt doch, dass ich vor unseren *Freundinnen* keine Geheimnisse habe.« Chiara betonte das Wort besonders, da John die beiden immer nur von oben herab behandelte und sie als *Bedienstete* titulierte.

»Oh, dies ist doch ein zu delikates Thema, von dem ich sicher bin, dass du es nicht vor deinen zwei Dienerinnen bereden möchtest.«

»In diesem Raum gibt es keine Diener, sondern nur die Familie und unsere zwei Freundinnen. Und wir haben keine Geheimnisse voreinander.«

»Chiara, kein Problem«, mischte sich Paula mit ruhiger Stimme ein. »Wir räumen das Feld.«

»In diesem besonderen Fall wäre das durchaus angebracht, schließlich geht es um das Testament, das deine Schwester aufgesetzt hat«, versetzte John hochnäsig.

»Ihr könnt wirklich gern bleiben«, brachte Chiara sichtlich um Beherrschung ringend heraus.

»Lass gut sein«, sagte Elisa mit leiser Stimme und stand auf. Paula folgte ihr.

»Nein, bitte! Ich bitte euch, bleibt«, flehte Chiara beinahe. Und so setzten sie sich wieder auf ihre Stühle.

Isabella warf ihrem Cousin einen bösen Blick zu, doch der tat so, als hätte er ihn nicht bemerkt. Isabella war nicht auf den Mund gefallen und würde ihrer Mutter eine Hilfe sein, John in die Schranken zu weisen.

»Dann lasst uns ins Wohnzimmer gehen, wenn es so wichtig ist, was John mit uns besprechen will.«

»Oh, glaub mir, es ist wichtig«, kicherte John, und Isabella wurde es eiskalt.

Im Wohnzimmer war es dank der modernen Ölheizung schön warm – die offenen Kamine dienten im Winter vor allem der Gemütlichkeit, spendeten jedoch im Frühjahr und Herbst genügend Hitze für die großen Räume. Man schenkte es sich, den Kamin jetzt anzumachen, das würden sie später tun, wenn John diesen Raum wieder verlassen hatte, was hoffentlich bald geschah. Aber darauf durften sie getrost hoffen. John schätzte die Familie in dem gleichen Maße wie die ihn.

John setzte sich, bevor Chiara und Thibault auf dem Sofa gegenüber Platz genommen hatten. Thibault schenkte es sich ebenfalls, John seinen teuren Cognac anzubieten. Alles, was Johns Besuch verlängern konnte, vermied er tunlichst. Isabella blieb am Fenster stehen und versuchte, ihre Unruhe zu beherrschen.

Isabella nahm auf dem Sessel Platz, woraufhin Barney, der ihnen gefolgt war, auf ihren Schoß sprang und die Kuscheleinheiten genoss, mit denen Isabella, sein Liebling, ihn verwöhnte.

John stierte argwöhnisch auf das dichte Fell der Katze, worauf Isabella ihm am liebsten die Augen ausgekratzt hätte. Ihr Barney war ein Haustier und absolut flohfrei. Schließlich handelte es sich bei ihm um einen der gepflegtesten Kater überhaupt.

»Also, worüber möchtest du mit uns reden, geschätzter Neffe?«, ging Chiara die Sache an.

»Tja, liebes Tantchen, wie soll ich beginnen?«, begann der mit maliziösem Lächeln. »Ich habe das Gefühl, dass ihr, geschätzte Tante und geschätzte Cousine, keine Ahnung vom Testament meiner Stiefmutter habt, so entspannt wie ihr euch gebt.«

Bei diesen mit erstaunlichem Selbstbewusstsein vorgetragenen Worten überfiel Isabella auf der Stelle eine ungewohnte Anspannung, doch sie hütete sich, sich diese vor ihrem Cousin anmerken zu lassen. Mist, das Testament von Tante Elena hatten sie in der Tat nicht mehr in Händen gehalten, seit diese es ihnen vor Jahrzehnten überreicht hatte. Wozu auch. Isabella würde das Haus erben, wie Elena es vor vielen Jahren mit ihrer Mutter besprochen hatte.

»Wir sind völlig entspannt, in der Tat«, nickte Chiara.

»Bist du sicher?« John schaute so geringschätzig, dass Isabella übel wurde.

»Übrigens, Cousine, was macht dein Freund? Steht immer noch keine Hochzeit ins Haus? Oder hast du etwa schon geheiratet und deinen Cousin bei der Hochzeit übersehen?«

»Wie du noch nicht wissen kannst, bin ich nicht mehr mit Emanuele verlobt. Aber sobald ich einen anderen heirate, wirst du der Erste sein, der eine Einladung zur Hochzeit erhält«, säuselte Isabella. Was in hundert und drei Jahren nicht der Fall sein wird, schickte sie insgeheim hinterher.

»Aber das passiert sicherlich nicht heut oder morgen«, stellte John fest. Isabella bemühte sich um ein Lächeln, das sie der Sphinx abgeschaut hatte, und widmete sich der Fellpflege ihres geliebten Katers. Einen drohenden Untergang beging man in diesem Haus mit Stil.

»Was also möchtest du mit uns besprechen?«, fragte Chiara mit ruhiger Stimme. Sie trug ein schlichtes Kleid aus Samt, dessen changierende Rottöne ihrem Teint schmeichelten.

»Du kommst gleich zur Sache, wie immer. Aber gut, Tantchen, das ist auch in meinem Interesse«, erwiderte John. »Also, es geht um das Testament von Elena, das euch vorliegt, und von dem ich eine Abschrift besitze. Da Elena nach dem Tod eurer Eltern als die Ältere das Haus erbte, wäre dieses eigentlich nach ihrem Tod an Tante Chiara gegangen. Tante Chiara allerdings bestand ausdrücklich darauf, dass Isabella Elena beerben sollte.«

An dieses Testament, das vor mehr als zwei Jahrzehnten entstanden war, hatte niemand aus der Familie mehr gedacht. Auch hatte niemand mit einem so frühen Tod von Elena, der älteren Schwester Chiaras, gerechnet. Man hatte schlicht vergessen, was in dem Testament genau festgelegt war. Es war nur klar, dass Isabella einmal das Haus erben würde – gemäß dem ausdrücklichen Wunsch Chiaras.

»Allerdings gab es da eine vertrackte Klausel, die Folgendes besagt: Sollte der Fall eintreten, dass Cousinchen ehelos ihren vierzigsten Geburtstag feiert, wobei *feiern* zu viel gesagt ist«, fügte er kichernd an, »*vollziehen* wäre wohl der bessere Ausdruck, fällt das ganze schöne Anwesen an mich.« Er machte eine Pause, und Isabella hätte ihm am liebsten eine gelangt, um ihm das unerträglich selbstgefällige Lächeln aus dem Gesicht zu putzen.

»Somit steht vor euch der Erbe«, stellte John klar.

Isabella hielt in der Bewegung inne, gab Barney einen sanften Stoß und stand wie betäubt auf. Sie wankte zu dem Tischchen hinter dem Sofa, auf dem Alkoholika und Gläser standen. Sie war völlig zerschlagen und bemerkte gar nicht, wie voll sie sich den Cognacschwenker füllte. Keine Sekunde zweifelte sie daran, dass John im Recht war. Und bei aller Liebe, heute eine Heirat zu vollziehen, selbst wenn der Heiratswillige anwesend wäre, was nicht der Fall war, war schlichtweg unmöglich. Contenance, befahl sie sich, die Worte ihrer Großmutter im Ohr. Tja, liebe Großmama, dass ich jetzt nicht tot umfalle, habe ich nur dir zu verdanken. Haltung!

»Und ich, mein lieber Neffe, frage mich, welche Stellung du in deiner Bank bekleidest, bist du doch nicht einmal imstande, eins und eins zu addieren«, mischte sich da Chiara zum ersten Mal ins Gespräch.

Isabella schnappte unhörbar nach Luft. Alles war katastrophal. Verloren. So einfach war das. Und das nur, weil ihr dämlicher Emanuele sie betrügen musste. Aber ihre Mutter gab den Kampf noch nicht auf. Das hatte sie von ihrem Vater, kein Zweifel.

Johns Augen waren schmal geworden. »Wieso das?«

»Weil Isabellas Geburtstag nicht am achtundzwanzigsten Februar ist, sondern erst am neunundzwanzigsten. Und nur damit sie nicht bloß alle vier Jahre ihren Geburtstag feiern darf, haben wir ihn stets am achtundzwanzigsten begangen. Dieses Jahr ist ein Schaltjahr. Sie hat somit also noch bis morgen Abend, dreiundzwanzig Uhr neunundfünfzig, Zeit, den Wunsch meiner Schwester zu erfüllen. Die dazu verlangte Heirat wird übrigens morgen, Montag, den achtundzwanzigsten, stattfinden, aber das nur am Rande.«

»Und das nennt man dann wohl einen eklatanten Fehler, lieber Neffe«, grinste Thibault.

Isabella wunderte sich nicht, wie belegt seine Stimme dabei klang. Beinahe hätte sie vergessen, dass ihr wirklicher Geburtstag tatsächlich erst übermorgen war, genauer morgen Abend vierundzwanzig Uhr.

Innerlich seufzend glitt sie wieder grazil in den Sessel. Barney folgte ihr geschmeidig, und sie kraulte ihn sanft hinter den Ohren, was nicht nur er genoss, wie man an seinen geschlossenen Augen und dem lauten Schnurren erkennen konnte, sondern auch ihr eine minimale Beruhigung schenkte. »Und solltest du das nicht glauben, kann ich dir gern meine Geburtsurkunde zeigen«, schlug sie vor. Sie merkte auch ihrer Stimme an, dass sie längst nicht so gelassen klang wie normalerweise.

»Ja, die würde ich gern sehen«, zischte John, der bei Isabellas nachlässig hingeworfenen Sätzen wutentbrannt aufgesprungen war.

»Gern, aber erst morgen früh.«

»Nein, jetzt noch, ich bestehe darauf«, beharrte John. In seinen Mundwinkeln hatten sich weiße Spuckeflöckchen gebildet, die sein Gesicht nicht verschönerten.

»Na, dann. Papa, wärst du so nett und holst meine Unterlagen aus dem Tresor?«, bat Isabella.

»Ich eile, mein Engel.«

»Ich komme mit«, entschied John.

Thibault verzog spöttisch die Lippen. »Dein mangelndes Vertrauen bestürzt mich, lieber Neffe. Außerdem dürfte es selbst mir in der Kürze der Zeit kaum gelingen, diese Urkunde zu fälschen«, sagte er heiter. Ihm war für seine Familie sichtbar nicht nur ein Stein, sondern ein ganzer Schlossberg vom Herzen gefallen.

»Und wie, wenn man fragen darf, willst du einen Anwärter aus dem Hut zaubern? Ihn von der Piazza aufgabeln? Oder gar bei den Wohnungslosen anklopfen? Denn die Sache mit Emanuele ist ja nun sogar nach deinen Worten Schnee von gestern.«

»Wer hat je behauptet, dass ich Emanuele heiraten möchte?«, konterte Isabella. Sie vermochte ihre Contenance nur zu bewundern. Ihre Mutter und Großmutter durften stolz auf sie sein. Da schwammen ihnen soeben alle Felle unwiederbringlich davon, doch sie bewahrten Haltung. Hut ab, Isabella.

»Nun, in den letzten drei Jahren schien es zumindest so.«

»Vielleicht im Allgemeinen, aber ich tat noch nie das, was alle taten, wie du ja wohl in den letzten Jahren gelernt haben dürftest.«

»Nun, das ist deine Sache, aber interessieren tät's mich schon, wer der Glückliche ist.«

»Das wirst du noch früh genug erfahren.«

»Ich bestehe darauf.«

Johns Stimme klang unnatürlich hoch, und Isabella freute sich trotz der ausweglosen Situation, dass es ihr gelungen war, ihn zu verunsichern. Zumindest die nächsten vierundzwanzig Stunden sollten ihm nicht auch noch mit übertriebener Vorfreude versüßt werden.

Sie erhob sich und sagte träge: »Es ist Vincenzo Collani, mein Chef!«

»Er soll das Kaninchen sein, das du soeben aus dem Hut gezaubert hast? Ich glaube dir kein Wort«, zischte ihr Cousin.

»Dann lass es doch.« Wunderbar, Isabella, jetzt hast du es ihm aber gegeben, dachte sie ironisch. Trotzdem – wenigstens den nächsten Tag würde

John zittern und zagen, schließlich konnte er ja nicht wissen, ob ihr Zauberkunststück nicht doch real war.

Wäre doch das Wunder tatsächlich keine Ente, über das sie neulich in der Zeitung gelesen hatte: Eine Frau mittleren Alters hatte sich drei Monate lang nach einer Enttäuschung ihren neuen Wunschpartner zu jeder Gelegenheit visualisiert und peng: Plötzlich stand er vor ihr, und sie wurden glücklich miteinander.

Leider war sie nicht naiv. Durch ihren Kopf geisterten nur Gedanken an ihren Chef, und der würde sich bedanken, wenn sie ihn sich als Wunschpartner visualisierte. Er war doch nicht blöd.

Zu dritt begaben sie sich nach oben, um im Elternschlafzimmer den Tresor zu öffnen, in dem sie die wichtigen Familiendokumente aufbewahrten, und das Testament sowie das Stammbuch hervorzuholen. »Wenn du dich zur Sicherheit noch einmal davon überzeugen möchtest«, sagte Thibault, schlug die Seite mit den Eintragungen über Isabellas Geburt auf und reichte dann John das Buch.

John besah sich alles und schlug das Stammbuch wieder zu, wobei sich eine graue Staubwolke über Thibaults und Chiaras Bett legte. »Scheint ja alles seine Richtigkeit zu haben«, sagte er. »Nun gut, ich bin durchaus in der Lage, einen Fehler einzusehen. Dann sieh du nur zu, dass du den Richtigen heiratest, liebe Cousine, und dich nicht, nur um mich aus dem Rennen zu werfen, irgendeinem Nichtsnutz an den Hals wirfst.«

»Das lass doch bitte meine Sorge sein«, entgegnete Isabella, bemüht, sich nicht ihr tiefes Unbehagen anmerken zu lassen. Der Blick in die Augen ihres Cousins konnte einem Angst machen. Als Kind und Jugendlicher hatte er bereits einen gemeinen Zug erkennen lassen. Sie war sich sicher, dass er ihren süßen Kater Carlo, Barneys Vorgänger, zumindest geärgert, wenn nicht gar körperlich gequält hatte. Er hatte Carlo schon nicht leiden können, empfand heute Barneys anhängliches Folgen, wenn sie einen Raum verließen, als lästig und auch sein zartes Gemaunze, das eher einem Zirpen glich, war ihm auf die Nerven gegangen. Memme, die er war!

Wortlos drehte John sich um und stürmte die Treppe hinunter. »Ich hoffe, ihr habt dennoch nichts dagegen, wenn ich einige Tage im Gästezimmer verbringe«, sagte er über die Schulter. »Ich habe ein wenig Urlaub verdient, denn entgegen deiner Vermutung, liebe Cousine, bekleide ich in der Bank in der Tat einen Job, der mir alles abverlangt.«

»Was immer das auch ist«, murmelte Isabella. Doch laut sagte sie nur: »Ciao, John.«

Schweigend folgten ihm alle drei hinunter. »Oh mein Gott«, sagte Isabella leise und sank in einen der Wohnzimmersessel.

Thibault ging sofort zur Anrichte, nahm die Cognacflasche und goss eine großzügig bemessene Menge in den Schwenker. »Hier, trink das.«

»Den hab ich jetzt nötig, aber bitte nur einen einfachen«, krächzte Isabella, die sich schon eingangs einen doppelten Cognac genehmigt hatte, »wenn auch Alkohol kaum unser Problem löst.«

»Noch ist nicht aller Tage Abend«, sagte Chiara unbeholfen. Ihnen allen fehlten einfach die Worte. Es war eine Katastrophe, was John zutage gefördert hatte. Übermorgen standen sie auf der Straße, mehr oder weniger, es sei denn, es geschah ein Wunder. »John kann uns noch in dieser Woche aus dem Haus werfen. Und so, wie der gebaut ist, wird er das auch tun.«

»Und Emanuele, der Schuft«, zischte Isabella, »hätte das verhindern können.«

»Kind, es ist müßig, so zu reden«, seufzte Chiara. »Wir müssen jetzt überlegen, wie wir aus dem Schlamassel rauskommen.«

»Ich kenne auch schon die Lösung: Ein Ehemann muss her«, antwortete Isabella ironisch. »Oh, Mama, wie konnte das nur geschehen?«, flüsterte sie, nachdem sie einen gehörigen Schluck genommen hatte.

»Das frag ich mich jetzt auch«, gestand Chiara ratlos und fuhr sich dabei durch ihr schönes graues Haar. »Wer hätte aber auch erwartet, dass Elena diese blöde Klausel beibehält.«

»Wie soll man in der Kürze der Zeit denn einen Ehemann backen? Hast du irgendeine Idee?«, fragte Thibault seine Tochter.

»Nein, Papa, die hab ich nicht. Es ist ohnehin unmöglich, morgen irgendjemanden zu animieren, mich zu heiraten. Genaro zu bitten, nachdem ich ihn hundert Mal abgewiesen habe, geht ebenso wenig. Außerdem müsste man sehen, wo man so schnell heiraten kann.«

Genaro war der Sohn des Nachbarn, und Isabella und er kannten sich natürlich. Solange Isabella denken konnte, machte ihr Genaro, ein hochgeschossener Mittvierziger, der der Dandy des Ortes war und gnädig geduldeter Freund Johns, ihr Avancen. »Ach nein? Auch nicht in diesem Fall? Warum nicht?«, fragte Thibault unschuldig.

»Also bitte, Papa! Der betrügt mich doch, wenn ich dabei bin«, erwiderte Isabella entrüstet. »Da könnte ich ja genauso gut Emanuele nehmen – abgesehen davon, dass der mich jetzt auch zum Mond schießen würde.«

»Es sei denn, man böte einem der beiden ein Vermögen, dass er sich gnädig dazu herabließe, dich zu ehelichen«, zischte Chiara.

»Wir könnten ihm meinen Peugeot anbieten. Einen Tag nach der Hochzeit reicht ihr die Scheidung ein, und alles ist gut«, sagte Thibault pragmatisch.

»Papa, ich bitte dich!«, giftete Isabella ihn an.

Auch Chiara bedachte ihn mit einem ebenfalls finsteren Blick und tippte sich an die Stirn. »Abgesehen davon, dass dieser Gedanke absurd ist, kann man sich hier bei uns erst frühestens nach sechs Monaten scheiden lassen.«

Thibault nahm sie mit seiner kühlsten Miene ins Visier, wie er sie bei Chiara selten aufsetzte: »Meine liebe Chiara, manchmal bist du wirklich ärger als meine drakonische Gouvernante aus dem Internat. Aber ihr habt ja recht. Gibt's denn wirklich keinen, den du sonst noch fragen könntest, vielmehr fragen möchtest?«, verbesserte er sich schnell.

»Nein«, entgegnete Isabella mit dumpfer Stimme. »Eine Frau Knall auf Fall zu ehelichen, dazu gehört eine Menge Mut. Und mutige Männer sind so häufig wie vierblättriger Klee in der Sahara. Ich kenne nur einen mutigen Mann, und das ist mein Chef. Dem wäre eine solche Ungeheuerlichkeit zuzutrauen. Oder aber auch nicht.«

»Warum nicht?«

»Weil er bereits einmal verheiratet war und diesen Fehler nie wieder begehen wird, wie er mir noch auf unserem heutigen Rückflug mitteilte.« Isabella ergriff den Cognacschwenker und nahm einen kleinen Schluck. »Und außerdem hasst er Leute, die ein »von und zu« vor dem Nachnamen tragen.«

»Aber das ist doch Unsinn. Der Mann soll dich heiraten und dann kann er sich in aller Ruhe wieder scheiden lassen.«

»Und was, lieber Vater, biete ich ihm im Gegenzug?«

»Unseren guten Namen natürlich«, entgegnete Thibault mit Entrüstung in der Stimme. »Und nicht zu vergessen dich, eine knusprige junge Frau. Und vielleicht auch Anteile an diesem Gutshaus, wenn es denn schon sein muss«, fügte er stirnrunzelnd hinzu.

»Da wird er sich aber bedanken. Anteile eines Hauses, das so marode ist, dass man des nachts nicht schlafen kann, weil der Putz von den Wänden bröckelt. Oder auch nicht, damit hat er anfangs schließlich sein Vermögen gemacht«, überlegte sie düster.

»Also bitte!«

Sie schwiegen einen Moment erschöpft.

»Du könntest ihm höchstens, wenn er dir diesen Gefallen nicht kostenlos tun will, ein lebenslanges Wohnrecht zugestehen – in dem Gästezimmer hinten im Turm«, schlug Thibault erneut vor.

»Toll, da hat er auch was von. Abgesehen davon, dass sein Zuhause groß genug für drei Familien ist, wohnt er schließlich mehr oder weniger um die Ecke. Was soll er also damit?«

»Trotzdem lohnt es sich vielleicht doch, ihn zu fragen? Das war deine erste spontane Eingebung, und auf seine Eingebungen soll man hören«, wandte Chiara ein.

»Liebes, was immer du entscheidest – das Haus gehört dir, du hast es geerbt. Eigentlich müsstest du uns bei keiner deiner Entscheidungen um Rat fragen. Du findest deinen Chef sympathisch. Keine schlechte Basis für eine Pro-forma-Ehe von zwei, drei Tagen, wenn du mich fragst. In der Not frisst der Teufel Fliegen. Da wachsen einem Flügel«, fabulierte Thibault.

»Warum willst du nicht wenigstens den Versuch wagen, dir diesen Mann zu angeln? Die Villa …«

»Die Bruchbude«, stellte Isabella mit harter Stimme klar.

»Dein Heim, unser aller Heim, wäre gerettet. Alles Weitere würde sich finden.«

»Für sein Heim sollte man kämpfen. Und wenn du jetzt also unverzüglich kämpfen würdest, käme es uns allen zugute«, murmelte Chiara. »Trotz allem – das ganze Geschäft, denn um ein solches würde es sich handeln, finde ich natürlich durch und durch unmoralisch.«

»Aber lassen wir die Moral mal beiseite …«

Paula und Elisa, die bisher kein Wort von sich gegeben hatten, sondern mit großen Augen gelauscht hatten – Paula mit verschränkten Armen, Elisa mit der Hand vor dem Mund – nickten unisono.

»Bravo«, entfuhr es Thibault, worauf er sich einen strengen Blick nicht nur Chiaras, sondern auch Isabellas einhandelte.

»Mal angenommen«, fuhr Isabella fort, »er würde unser »von und zu« nicht ganz und gar hassen, dann könnte ich mir durchaus vorstellen, dass ihn so ein Abenteuer und Geschäft, um das es sich hier schließlich handelt, und sei es auch nur für ein paar Tage, reizt. Aber … er hasst nun mal auch und vor allem die Ehe.«

»Aber dich hasst er doch nicht!«, rief Chiara verzweifelt.

»Nein. Aber lieben tut er mich auch nicht.«

»Warum nicht? Abgesehen davon, dass das in unserem Falle völlig ohne Belang wäre?«

»Ich … ermahne ihn zu viel. Ich bin ihm zu dünn. Ich bin nicht sein Typ … Keine Ahnung, jedenfalls hat er mir noch kein unsittliches Angebot gemacht«, sagte sie, seinem Blick ausweichend. »Und dazu hätte er, weiß Gott, genügend Zeit gehabt. Vor allem in den letzten zwei Wochen«, fügte sie leise hinzu. »Womit ihn also ködern? Es gibt da eigentlich nur noch den Segantini«, beantwortete sie schließlich ihre eigene Frage.

»Stimmt. Er wäre das einzig Wertvolle, das wir ihm anbieten könnten – neben unserer Tochter.« Es gab Zeiten, da brachte Chiara die Dinge mit ruhiger Stimme auf den Punkt, während sie sich sonst bei notwendigen Entscheidungen gern im Hintergrund hielt und erst in letzter Sekunde die Fäden in die Hand nahm.

»Nein!«

Beide, Isabella sowie Chiara, zuckten zusammen angesichts Thibaults entsetzten Einspruchs. Paula zerraufte sich noch mehr ihr Haar und in Elisas Augen traten Tränen.

»Das Bild kommt nicht infrage. Ich weiß doch, wie sehr du daran hängst«, sagte er mit schwankender Stimme zu Chiara.

»Papa hat recht, doch etwas anderes fällt mir auch nicht ein.« Es stimmte. Der Peugeot war Thibaults Augenstern und das Rivaboot ihrer aller Baby. Keines von beiden durfte geopfert werden.

»Du bist ein gutes Kind.« Chiara streckte den Arm aus und nahm dem Kind das Cognacglas aus der Hand. »Aber wenn es sein muss, kann ich mich leichten Herzens davon trennen.« Sie lächelte ihre Tochter liebevoll an. »Wie immer du entscheidest, wir sind einverstanden, nicht wahr, Thibault?«

Thibault nickte. »Natürlich.«

Paula nahm ihr Taschentuch und fuhr sich durchs Gesicht, Elisa putzte sich die Nase.

»Also: Wir setzen uns jetzt ins Auto und fahren auf der Stelle zu deinem Vincenzo«, entschied seine Frau. »Auf einen Versuch sollten wir es ankommen lassen.«

»Also, Mama, erstens ist er leider nicht *mein* Vincenzo, und natürlich fahre *ich* zu ihm. Allein«, lachte Isabella. »Schließlich soll ich ihn heiraten und nicht du.«

Chiara nickte. »Claro, das verstehe ich. Aber das muss noch heute Abend geschehen.«

»Nun, wie du meinst. Und wenn er nicht zusagt, kommst du heim und wir überlegen weiter. Irgendein Mann wird sich doch wohl auftreiben lassen, der meine schöne Tochter will.«

»Danke, Papa«, entgegnete Isabella trocken.

»Und fahr schön vorsichtig«, befahl Chiara.

Isabella blickte sie liebevoll an. Erkannte sie da zum ersten Mal ein wenig Angst um ihre einzige Tochter? Wen sie heiratete, war Chiara im Endeffekt egal. Die Hochzeit musste schlicht eingegangen werden und das rasch. Sich scheiden lassen konnte man sich dann in aller Ruhe – und wenn's am nächsten Tag wäre.

Isabella zog sich warm an, denn es war wieder ungewöhnlich kalt geworden. Die Koniferen leuchteten im Schein der Außenlampe mit ihren geweißelten Blatträndern. Und auch auf dem Boden hatte sich eine dünne Eisschicht gebildet. Nun fielen feinste Schneekristalle zur Erde, wie sie es selten in den letzten Jahren erlebten.

Chiara begleitete Isabella bis zum Auto und küsste sie zum Abschied. »Toi, toi, toi, mein Schatz!«

»Danke, Mama. Diese Fahrt endet hoffentlich nicht in einem Fiasko.«

»Ich habe dir immer gesagt, du sollst nicht schneller als siebzig fahren«, bat ihr Vater mit Panik in der Stimme.

»Mit Fiasko meinte ich nicht die Autofahrt, Papa«, antwortete Isabella trocken, öffnete den Wagen und stieg ein. Ihre Wangen waren hochrot, was einerseits am Alkohol lag, andererseits an der Aufregung.

10

Die fünfzehnminütige Fahrt nach Limone legte Isabella unter dem Eindruck des Gefühlschaos' und des Schocks, in Kürze obdachlos zu sein, zuzüglich der zwei Cognacs, die sie intus hatte, wie betäubt, mithilfe ihres Schutzengels jedoch unfallfrei zurück. Sie fühlte sich bereit und unter Zwang zugleich, wie in der Nacht, als sie drei Monate vor Erreichen ihrer Volljährigkeit mit achtzehn, es für zwingend notwendig erachtete, ihre Jungfräulichkeit zu verlieren – und dies *subito*. Dieser Akt hatte dann auch prompt stattgefunden, wenn auch die Folgezeit, ihre erste Ehe, die Heiterkeit dieses ersten Ereignisses vermissen ließ.

Zweiundzwanzig Jahre später spürte sie nun den gleichen Druck, doch diesmal war die Situation deutlich differenzierter. Dringende äußere Umstände zwangen sie, ihre zweite Ehe anzutreten. Und das ebenfalls schnellstens. Mit einem Mann, der ihr Chef war, der ein großzügig bemessenes Gehalt zahlte und der nach ihrem Gesuch möglicherweise den Gedanken hegen mochte, dass sie ihm nach diesem Antrag und seiner Ablehnung desselben nicht mehr mit der nötigen emotionalen Gelassenheit gegenübertreten würde. Dies hätte wiederum ihren prompten

Rausschmiss zur Folge. Und das wäre erst recht prekär, denn der größte Teil dieses Gehalts trug dazu bei, ihr und ihrer Familie das Überleben in einer Riesenimmobilie zu ermöglichen. Gut, diese Immobilie wäre mit seiner Absage natürlich kein Problem mehr, denn sie wäre futsch. Dass eine Ablehnung wahrscheinlicher war als seine Annahme, lag schlicht daran, dass er die Ehe goutierte wie Floh- und Läuseinvasionen im Doppelpack – was umgekehrt im Falle seiner Zusage als Pluspunkt zu werten war, denn es hätte zur Folge, dass er eine Trennung so rasch wie möglich anstreben würde. Wenn sie bei dieser Angelegenheit an ihren Exfreund dachte, dem sie das alles zu verdanken hatte, denn ein normaler Mann wäre doch längst die Ehe mit ihr eingegangen, befand sie trotzdem, dann vergrößerte sich die leichte Übelkeit, die sie momentan empfand, um ein Vielfaches. Die anderen Heiratskandidaten – es gab in Riva und Umgebung durchaus Männer, die mit ihrem Prestigedenken der Heirat mit einer angehenden Gutsherrin mit marodem Gutshaus, jedoch unbezahlbarem Seegrundstück, etwas abgewinnen konnten – waren viel zu konservativ, um eine Scheidung auch nur in Betracht zu ziehen. Es würde nicht einmal etwas bringen, wenn sie sich ordentlich danebenbenahm. Diese Spezies war abgebrüht und würde dann einfach ihrer Wege gehen, sich jedoch niemals scheiden lassen, selbst wenn sie beweisen könnte, dass die Ehe gar nicht richtig vollzogen worden wäre. Womit diese für null und nichtig erklärt werden konnte und somit John das Haus trotz all ihrer Mühen in den gierigen Rachen fallen würde. Und dieser Gedanke der ewigen Gebundenheit an einen ungeliebten Menschen war für sie unannehmbar.

Ganz anders würde sich die Sache mit Vincenzo gestalten. Dessen erster Gedanke wäre, die Beine in die Hand zu nehmen, wenn Aussicht auf Flucht bestand, sobald das Geschäft, also ihre Heirat, abgewickelt war. Und lediglich die Aussicht auf eine solche Flucht würde ihn, wenn sie Glück hatte, ihr Angebot auch nur eine Sekunde in Betracht ziehen lassen – neben dem Segantini, aber der war nur ein Notnagel, so wie ihre Eltern an dem Bild hingen. Doch schien es vonnöten in ihrer augenblicklichen Lage, ihm dieses Gemälde wohl zu Füßen zu werfen. Dazu musste sie ihn allerdings erst einmal in ihre Pläne einweihen – das schwierigste Unterfangen überhaupt. Und ob ihm ein Segantini für dieses Opfer ausreichte, war eine andere Sache. Dass sie ihm ihre verlockende Person als Zucker bot, den er kosten mochte, sooft ihm in den nächsten beiden Tagen – denn dann würde sie unverzüglich die Scheidung in Gang bringen – der Sinn nach Süßem stand, schien in diesem Fall zweitrangig zu sein. Die Weiber verschlangen ihn geradezu mit ihren Blicken, vor allem diese südamerikanischen. Er musste sie nur ansehen wie die brasilianische Sekretärin letztens, und sein Bett würde gewärmt. Sie spürte noch jetzt den bohrenden Stich der Eifersucht, als sie daran dachte. Sein

Zimmer allerdings hatte er in dieser Nacht, die sie bei dem brasilianischen Ehepaar an der Copacabana verbrachten, nicht verlassen. Noch war es von jemandem betreten worden, denn sie bewohnten eine hellhörige gemeinsame Suite, mit zwei getrennten Schlafzimmern, versteht sich. Und eine unruhige Nacht nach diesem Flirtgewitter hätte es ihr erlaubt, alles mitzubekommen, was sich nebenan abspielte. Doch außer seinem gleichmäßigen Schnarchen nach dem Genuss etlicher alkoholischer Getränke war von dort nichts zu hören gewesen.

Bisher gab es keinen Anhaltspunkt, dass er sie unsympathisch fand, wenn dies der Fall gewesen wäre, hätte sie keine zwei Tage bei ihm überlebt. Aber reizte sie ihn als Frau? Eher nicht. Höchstens auf der letzten Geschäftsreise nach Australien und Neuseeland, von der sie heute zurückgekommen waren, hätte man diesen Gedanken erwägen können. Wenn sie sich nicht täuschte, hatte sie ihn diesmal nicht kalt gelassen – was nicht automatisch auf die Außentemperatur von über fünfunddreißig Grad zurückzuführen war; jedenfalls nicht an jenem Abend, als der Hafendirektor einer Kleinstadt an der Ostküste Australiens sie hatte vernaschen wollen und sie es zugelassen hätte, wie sie ihm in ziemlich eindeutiger Weise signalisierte – woran natürlich nur ihr Schwips schuld war. Signor Collani befahl ihr geradezu nach dem nicht zu überhörenden Angebot des blendend aussehenden Mr. Tattler, die Nacht mit ihm auf seinem Zimmer zu verbringen, und ihrem strahlenden Lächeln als Antwort, sich sofort hinauf in sein Zimmer zu begeben, da er sie noch für diverse Arbeiten benötige. Wohlgemerkt, um ein Uhr in der Nacht. Sie verabschiedeten sich unter Protest und teilweise auch unter Gespött bei der lustigen Gesellschaft und begaben sich hinauf. Und in der Tat war sie dann bis nach vier Uhr am Morgen mit Arbeit, die ohne weiteres noch hätte warten können, überhäuft worden, womit ihr Stelldichein mit dem netten Australier ein schöner Traum blieb. Natürlich konnte die Aktion auch bedeuten, dass er nur ein winziges bisschen seine Macht über sie als kleine Angestellte vor dem in der Tat sehr attraktiven Hafendirektor hatte ausspielen wollen.

Um acht Uhr in der Früh hatten sie bereits am Flughafen erscheinen müssen. Doch anstatt nun im Flugzeug zu schlafen, lagen sie beide wach in ihren Erster-Klasse-Sitzen und unterhielten sich – über die Ehe, über die Beziehung zwischen Männern und Frauen und das Leben an sich. Sie waren sich einig gewesen, dass eine Wiederheirat in ihrem Fall mit Vorsicht zu behandeln sei und in seinem Fall schlicht nicht infrage kam. Ihre Freiheit ging ihnen beiden über alles, auch Isabella, die nicht umsonst in aller Gemütsruhe die drei Jahre Verlobungszeit mit Emanuele genossen hatte, ohne auf eine Heirat zu drängen. Und dann, kurz vor der Landung, hatte er noch angekündigt, dass jetzt der Wechsel in seinem Leben stattfinden konnte. Dass sie in seinem neuen Leben einen Platz finden würde, hatte er nicht signalisiert und sie nachzufragen nicht gewagt. Es blieb immer noch die Chance, für das Hotel seiner Mutter als Sekretärin zu fungieren. Nun, man würde sehen. Heute würde sie ihm ein Angebot unterbreiten, das sein Leben durchaus ändern könnte – wenn er es denn wollte. Oder auch nicht. Es sprach nichts dagegen, dass es schon sehr bald wieder ein Ende fand, dieses Abenteuer.

Und darin bestand auch ihre Chance. Dieser Mann war eindeutig ein Abenteurer. Momentan konnte sie sich allerdings nicht vorstellen, wie sie ihn überzeugen sollte, mit ihr im Schlepptau diesen klitzekleinen Umweg in sein neues freies Leben zu starten.

Sie wollte ein wenig pokern. Sollte er ihr zuliebe zusagen – ohne Forderungen zu stellen –, wäre alles wunderbar, und der Segantini blieb in ihrem Besitz. Sollte ihm aber Zuvorkommenheit seiner Sekretärin gegenüber fremd sein, musste sie den Segantini in die Verhandlung einbringen. Natürlich hätten sie das Bild längst verkaufen können, doch sie hatten es immer aus Sentimentalität behalten. Ihre Mutter liebte es ganz besonders.

Mit mehr Glück als Verstand baute sie während ihrer Fahrt keinen Unfall, denn sie hatte für ihre Verhältnisse viel zu viel getrunken, wenn sie auch in den letzten Monaten mehr Alkoholgenuss hatte vertragen können als in all den fünfundzwanzig Jahren zuvor. Es war halt mächtig viel gefeiert worden, nachdem riesige Geldsummen die Besitzer gewechselt hatten. Außerdem war die Fahrbahn glatt und sie keine gute Autofahrerin, wie ihr ihr Chef gleich zu Beginn attestiert hatte, womit sie vom Chauffeurdasein auf der Stelle befreit worden war. Ihre Vorgängerin, gab er ungeachtet ihrer möglicherweise vorhandenen verletzlichen Gefühle von sich, hatte ihn unbeschadet an jeden Ort dieser Welt gefahren, was ihm viele Stunden Freizeit schenkte, konnte er sich doch während dieser langweiligen Fahrten in aller Ruhe seiner Arbeit widmen. Dieser Vorteil war dank ihrer miserablen Fahrkünste nun also nicht mehr gegeben. Er trug es mit Fassung.

Lediglich ihre monatlichen Lehrstunden bezüglich Etikette trug er nicht mit dem gleichen stoischen Gleichmut. Aber er hatte sie nun einmal um diese Lektionen gebeten, und sie vermochte ihm in der Tat einiges beizubringen. Er lernte schnell, wenn auch manchmal nur widerwillig und nur, wenn ihm der Sinn der Benimmregel klar war. Er hatte es sogar so weit gebracht, dass er sich den Mund jedes Mal mit der Serviette abwischte, ehe er das Glas erhob und trank, was sie einiges an Mühe gekostet hatte, da er den Sinn darin nicht recht erkennen mochte, schließlich trug er nicht wie die Damen Lippenstift und hinterließ somit keine hässlichen Spuren am Glas. Sie überzeugte ihn vom Gegenteil, und er lernte und befolgte ihre Vorschläge.

Ihre rasche Auffassungsgabe und ihr zügiges Arbeiten hingegen gefielen ihm. Ebenso ihre exorbitanten Fähigkeiten in der digitalen Welt.

Ihre organisatorischen Begabungen und ihre Diskretion überzeugten ihn. Dass ihre Eleganz im Laufe der Monate gestiegen war, tat er nur einmal kund – beim Tanzen in einem Fünfsternehotel –, nachdem ihr auf ihrer vorletzten Reise durch Südamerika der Hotelier Avancen gemacht und sie angefleht hatte, ihn zu heiraten. Nun, diese Heirat wäre jetzt ihre Rettung gewesen, doch diesen Mann, der ihr ausnehmend gut gefiel, in Chile auf seiner Hazienda aufzusuchen, dazu war es jetzt zu spät. Geheiratet hätte er sie auf der Stelle. Und sie hätte es sich überlegt, wenn nur mehr Zeit als diese drei Tage bei ihm im Hotel zur Verfügung gewesen wäre. Angesichts des Offensiv-Charmes des Chilenen meinte sie, bei ihrem Chef Zeichen von Eifersucht zu bemerken, aber vielleicht war sein aggressives Verhalten ihr gegenüber doch nur das, was es war – schlechtes Benehmen. Dass sie elegant aussah, hatte er sicherlich erst dann bemerkt, nachdem Gonzales es ihr immer wieder mit Bewunderung im Blick unüberhörbar mitteilte – und nicht nur das. Irgendwann hatte Signor Collani sie dann den Armen Gonzales' entrissen – mitten auf dem Tanzparkett mit der Mimik und dem Gehabe eines Freibeuters – und sie mit eiserner Hand und ausnehmend elegant durch diverse Tänze geführt und ihr schließlich beim Slowfox ein Kompliment gemacht bezüglich ihrer Kleidung. Signor Collanis Worte waren zwar gewöhnungsbedürftig, doch sie kannte ihn mittlerweile so gut, dass sie sie als Kompliment auffasste. Er hatte bemängelt, dass ihr Ausschnitt, auch wenn er sehr hübsche Einblicke beschere – das Kompliment! –, dennoch für eine Geschäftsreise viel zu großzügig bemessen sei. Was dazu geführt habe, dass Gonzales ihr auf unanständige Weise in eben diesen stierte, wie ihr Chef sich auszudrücken beliebte. Und das bei ihrem guten Geschmack, den sie sonst an den Tag legte. Der Hinweis auf ihren guten Kleidergeschmack war somit das zweite Kompliment gewesen, das er seiner Sekretärin gemacht hatte, nicht gerade viel, dachte sie seufzend. Dennoch beschloss sie, die letzte und vorletzte Reise als Mutmacher zu betrachten, den Versuch zu wagen, ihn davon zu überzeugen, eine Interimsbeziehung mit ihr einzugehen.

Sie stieg aus dem Wagen – das Einparken vor seiner Haustür war ihr auf dem eisglatten Boden noch schwerer als sonst gefallen, doch schließlich war es geschafft – und schlug die Tür zu. Dann fiel ihr etwas ein, was sie in ihrem forschen Schritt innehalten ließ. Was, wenn er, bevor er zu einer Entscheidung gelangte, das Recht einforderte, sie zu testen, genauer ihr harmonisches Miteinander im Bett?

Sie spürte, wie ihr das Blut in die Wangen schoss. Nun, das Wohl der Familie ging ihr über alles, und sie liebte das Haus wie ihr leibliches Kind – so musste sie diesen Punkt zu einer Entscheidungsfindung seinerseits wohl in Kauf nehmen. Sie selbst würde auf diesen Test verzichten, denn auch wenn sie ihn danach von der Bettkante stoßen würde – sollte er als Folge dieser Nacht seine Unterschrift unter die Heiratspapiere setzen, wäre es das Ungemach wert gewesen, als das es sich gegebenenfalls herausstellen sollte. Wobei sie das untrügliche Gefühl hatte, dass sich dieser Akt nicht als Ungemach herausstellte und sie möglicherweise nicht nur Spaß, wie vor über zwei Jahrzehnten beim ersten Mal, sondern darüber hinaus auch noch köstliche Erfüllung finden würde.

Sie holte tief Luft, hob die Hand und legte den Finger auf die Klingel an der Tür des Anwesens. Dieses beherbergte nicht nur seine Wohnung und die Büroräume, sondern auch die eines seiner Brüder und seiner Eltern. Hoffentlich schlief er noch nicht. Auch wenn es noch nicht Abend war, der Jetlag lag ihnen beiden in den Knochen. Und vielleicht hatte er sich ebenfalls ein paar Cognacs hinter die Binde gekippt – Alkohol benebelte die Sinne, was in ihrem Fall momentan nur von Nutzen sein konnte.

Erst als der Türöffner gedrückt wurde, nahm sie den Finger von der Klingel. Das wurde aber auch Zeit. Beinahe wäre sie eingeschlafen. Also auf in den Kampf!

11

Vincenzo befand sich bereits den ganzen Tag in einem echten Gefühlsdilemma. Für Momente heiter und gelöst wie nach einem Champagner-Cocktail, dann wieder erregt und mürrisch, tigerte er durch seine weitläufige Wohnung – ohne einen Bissen zu sich genommen zu haben, abgesehen von zwei Gläsern Whisky seiner besten Sorte. Er hatte einfach keinen Appetit, obwohl seine Haushälterin ihren köstlichen Salat mit Süßwasserkrebsen und Melone noch mit einer butterzarten Kalbsleber venezianisch toppen wollte. Wenn er ehrlich war, währte dieser mehr als unangenehme und vor allem unnatürliche Unruhezustand nicht erst seit ein paar Stunden. Bereits seit ein paar Tagen, ach was, seit gefühlt Wochen ging das so, und er hatte seinen Höhepunkt auf den letzten beiden Reisen nach Südamerika, Australien und Neuseeland gefunden.

Die Sache war so klar wie in einer mondlosen Nacht der Sternhimmel über dem Lago: Es galt, sein neues Leben in Angriff zu nehmen. Er war überdreht, nicht mehr Herr seiner selbst, schlicht überarbeitet, anders konnte er sich seinen Zustand nicht erklären – diesen ständigen Wechsel zwischen Hochgefühl, Gereiztheit und dieser unerklärlichen Unruhe in der Magengegend, für die es keinen beruflichen Grund gab, denn seine Geschäfte hatte er mit glänzenden Resultaten abgeschlossen.

Er konnte nicht glauben, dass es einen anderen Anlass gab als Überarbeitung. Er kannte diese Anzeichen natürlich, er war ja kein kleiner Bub mehr. Sie glichen aufs Haar den ersten Monaten, nachdem er Elisabetta kennengelernt hatte. Aber es konnte – es durfte – einfach nicht an seiner Assistentin liegen. Auch dass er nicht mehr, sobald er ins Bett sank, in einen Bärentiefschlaf fiel, konnte nur an dieser Überarbeitung liegen. Es war schlichte Überanstrengung, die seine Gedanken um triviale Dinge wie seine Angestellte kreisen ließen. Und um das wirklich auszuschließen, musste er sich von ihr trennen, und zwar *subito*, was einfach war, denn die Probezeit, die ihm ein sofortiges Kündigungsrecht einräumte, lief ja noch. Ja, die Trennung war unumgänglich. Und sie würde auch keine Stelle in dem Hotel seiner Mutter erhalten. Er brauchte Luft. Er musste frei sein. Noch gab es in der Limonaia nichts zu tun. Die Gärten waren geschützt, und sein Vater, der vor Freude geweint hatte, als er ihm Weihnachten darlegte, seine Nachfolge anzutreten, war noch rüstig genug, um nach dem Rechten zu sehen. Er war mithin frei für neue Abenteuer. Er würde sich auf eine einsame Insel in Kanada verkriechen. Die raue Seeluft, die Jagd nach Bären, das Zusammensein mit den echten Naturburschen dort oben würde ihm wieder einen klaren Kopf bescheren. Jetzt, da er seine Firmen los war, konnte er sich auch von dieser Isabella de Saint-Martin trennen. Punktum! Als hätte er nicht geahnt, dass eine Frau mit einem solchen Namen ihm nur Ungelegenheiten bescheren würde.

Mit dem allerletzten Zigarillo im Mund – ab heute würde er endgültig das Rauchen aufgeben – wandte er sich zum Fenster, um es zu öffnen. Müßig gegen den Rahmen gelehnt, schlug er die Beine übereinander. Eisige Luft strömte herein, und er tat einen tiefen Atemzug. Das Bild, das sich ihm bot, war malerisch und dazu angetan, seinen Puls zu beruhigen. Die Dächer der Häuser in der Altstadt waren mit einer seidigen Schicht Schnee bedeckt. Hier oben genoss man einen wunderbaren Blick auf die Stadt und den alten Hafen. Isabellas Vater hatte diese Aussicht sehr gut in seinen Bildern verarbeitet, von denen er bereits vor vielen Jahren eines gekauft hatte und in Zukunft noch mehr erstehen würde, beschloss er. Vielleicht gab es in seinem Sortiment auch so schöne Winteransichten wie die heutige.

Jawohl, Isabella de Saint-Martin musste gehen. Gleich morgen früh würde er sie anrufen und es ihr mitteilen. Obwohl, morgen hatte sie Geburtstag. Also noch einen Tag Aufschub, doch dann war es soweit. Dann würde er sich in den Privatflieger seines Freundes setzen und abdüsen – wohin auch immer. Ja, Mario war ihm etwas schuldig, nachdem er ihm ein wasserdichtes Alibi für seine Untreue der Geliebten gegenüber – die er ausgerechnet mit seiner geschiedenen Frau betrogen hatte – gegeben hatte.

So wie immer, wenn er einen unumstößlichen Entschluss gefasst hatte, trat Ruhe in sein Herz.

Alles würde gut!

Nur Sekunden nach diesem köstlichen Gefühl, war es mit seiner Fassung bereits wieder vorbei. Das, was sich unten auf dem Hof seinen Augen bot, trieb ihm den Schweiß auf die Stirn. Zuerst hatte er dem Einparkmanöver vor seiner Haustür, das es wohl darstellen sollte, noch mit einem spöttischen Lächeln zugesehen. Doch nach und nach war ihm sein Grinsen vergangen. Und als der oder die Verrückte zum soundsovielten Male die Stoßstange seines Jaguars rammte und diesen dabei um ein Haar demolierte, um ihre oder seine Rostlaube schließlich mit Schwung in die Parklücke von den Ausmaßen eines Fußballfeldes zu manövrieren, öffnete er den Mund und schrie in blankem Entsetzen auf. Zum Glück gab sich der Idiot damit zufrieden, lediglich das Hinterteil seiner Kiste im Fußballfeld zu platzieren – einen Millimeter von der Stoßstange seines Wagens entfernt, den er sich nach seiner ersten Million geleistet hatte. Dass die vordere Hälfte komplett quer zur Gasse wies, schien ihn nicht zu stören, und es wäre in der Tat kein großer Verlust, wenn ihm jemand diese Vorderseite wegputzte. Als er jedoch beobachtete, wer der Wahnsinnige war, der dem Vehikel entstieg, erklärte sich ihm alles. Grimmig schloss er das Fenster. Logisch. Seiner Assistentin sollte man den Führerschein entziehen. Nicht erst heute Abend hatte sie den Beweis dazu geliefert. Ein Glück für jeden Autofahrer, dass sie für den Weg zur Arbeit in der Regel die Vespa benutzte. Dick eingepackt in eine Daunenjacke, sah sie aus wie ein Schneemann in Rosa mit einer Wollmütze, die selbst für die Kälte in der Antarktis ausreichend warm war.

Genervt von dem überstandenen Schock und dem darauf folgenden Dauerklingeln ging er zur Tür und betätigte den Türdrücker. Diese Frau war eine Verrückte, jedenfalls manchmal, das hatte er in den drei Monaten ihres Zusammenlebens – was es mehr oder weniger durch die zahlreichen Reisen gewesen war – gelernt. Es wurde wirklich Zeit, sich von ihr zu trennen.

»Ist die Pest ausgebrochen, brennt Riva oder was gibt es sonst Wichtiges, Verehrteste, dass Sie erst meinen Wagen zu Schrott fahren und dann wie eine Wilde klingeln?«, fragte er sie statt einer Begrüßung.

Sie stürmte an ihm vorbei in seinen Hausflur. Dieser war dank der Fensterreihe, die sich wie unten in seinem Büro entlang der gesamten Hauslänge zog, am Tage lichtdurchflutet. Hier spielten nicht nur seine Neffen so gern Fußball, hier übte auch er bei schlechtem Wetter häufig mit seinen Brüdern, die allesamt wie er begeisterte Golfer waren, das Einlochen.

»Es brennt, in der Tat«, gab sie zur Antwort, ebenfalls ohne sich groß mit einer Begrüßung aufzuhalten.

Er schenkte sich die Antwort, sondern folgte ihr neugierig, wobei sich seine Wut erstaunlicherweise legte und er sich ein neuerliches Grinsen nicht verkneifen konnte. Seine sonst so korrekte Assistentin hatte einen sitzen, wie er sich fast sicher war, denn sonst wäre sie niemals so ungeniert an ihm vorbeigerauscht. Noch jetzt überrieselte es ihn eiskalt, als er an ihr Einparkmanöver dachte. Er konnte Gott auf Knien danken, dass sie den Jaguar nicht in einen Schrotthaufen verwandelt hatte. Außerdem meinte er, neben ihrem köstlichen Parfum auch einen Hauch von Cognac gerochen zu haben.

Ihr Gesicht war gerötet, was ihr ebenfalls gut stand, und ihre Augen glänzten wie an jenem Abend in Chile, als ihr dieser Gonzales das unsittliche Angebot gemacht hatte, die Nacht mit ihm zu verbringen, wobei der Kerl mit einer vorwitzigen Locke in ihrem Nacken gespielt hatte, sodass er ihm beinahe eine verpasst hätte, schließlich handelte es sich bei Isabella de Saint-Martin um seine Assistentin und keine Lebedame.

In aufgeräumter Stimmung – obwohl er nicht sicher war, ob sein Jaguar das Zusammentreffen mit der Rostlaube tatsächlich völlig schadlos überstanden hatte – folgte er ihr langsam in sein Wohnzimmer, das sie mit der Spürnase einer Pfadfinderin auf Anhieb fand. Auch das Wohnzimmer führte zu einer großen Terrasse, von der aus man sich am Blick auf den See und die gegenüberliegende Bergkette erfreuen konnte. So einen intimen Begegnungsort wie seine Wohnung hatte er gerade bei ihr vermieden wie der Teufel das Weihwasser. Dabei musste er an die Reederfamilie in Acapulco denken, die ihnen diese Intimität in der Suite aufgedrückt hatte. Wie sollte ein Mann da Gentleman bleiben, wenn sich die Dame ihm darbot wie Konfekt.

Sie riss sich die Mütze vom Kopf und pfefferte sie auf das Sofa. Ihre Locken, die in den letzten drei Monaten ungeniert hatten wachsen dürfen, standen ihr in dekorativer Unordnung um den Kopf. »Und Ihrem geschätzten Vehikel ist natürlich nichts passiert«, sagte sie.

Nun, das mochte stimmen, dennoch würde er das Ausparken ihrer Kiste im Interesse seines geliebten Automobils natürlich selbst übernehmen. Aber zuerst war er gespannt, was sie in diesem leicht derangierten Zustand zu ihm geführt hatte.

»Und außerdem brennt es wirklich«, wiederholte sie mit lauter Stimme.

»Und da kam ich Ihnen in den Sinn, statt die Feuerwehr zu rufen?«

Sie zog sich die dicke Jacke aus, ohne auf seine Hilfe zu warten, wie sie es gewöhnlich tat, und feuerte sie auf einen der schweren Sessel in blaugrünem Karostoff vor dem Kamin, in dem ein Feuer für gemütliche Wärme sorgte. Sie rutschte vom Sitz und fiel zu Boden, was seine Assistentin nicht weiter tangierte.

»In diesem speziellen Fall sind *Sie* die Feuerwehr.« Sie warf sich neben die Mütze in die wohlige Tiefe des Sofas und blickte zu ihm mit Augen empor, für ihren Fall beinahe unnatürlich groß wie der Titicacasee und schmelzend wie feinste Schokolade. Gott, diese Frau konnte einen unerfahrenen Mann mit ihren Augen, die ihn so oft spöttisch und dann wieder voller Heiterkeit anblitzten, in der Tat bezirzen, kein Wunder, dass ihr die südamerikanische und australische Männerwelt zu Füßen lag. Doch er war ein Mann von Welt, der nicht nur das Heranwachsen und die Erziehung dreier Schwestern überstanden hatte, sondern auch ausreichend weibliche Bekanntschaften genießen durfte und mit Erfahrung gesättigt war. Ihre weiblichen Attribute perlten somit an ihm ab wie Wasser auf der glühenden Ofenplatte in der Küche seiner Mama.

»Nehmen Sie doch Platz«, sagte er ironisch, hob die rosa Daunenjacke auf – derartige Höflichkeit hatte er schließlich von ihr eingetrichtert bekommen – und brachte sie hinaus in die Garderobe.

Als er zurückkam, hatte sie den Kopf in die Hände gestützt und bot das klassische Bild einer hilfsbedürftigen, schwachen Frau – die sie nicht war, wie er von Anfang an festgestellt und es sich später bewahrheitet hatte. Sie war weder klein noch hilflos. Doch im Augenblick schien es beinahe so – was umso mehr sein Interesse weckte. Logisch, typisch Frau. Wieder so ein durchtriebener Winkelzug, der einen schachmatt setzen konnte, so man nicht auf der Hut war. »Womit also kann ich dienen?« Und das Ganze bitte rasch, denn mein Jetlag bringt mich um, und ich hab noch nichts gegessen.

Sie ließ die Hände sinken. »Ich weiß nicht, wie ich es Ihnen beibringen soll«, sagte sie leise. »Hätten Sie vielleicht was zu trinken für mich?«

»Aber gern. Wasser, Kaffee oder Tee?«

»Haben Sie nichts Alkoholisches? Wie wäre es mit dem Whisky dort drüben?« Sie wies mit dem ausgestreckten Arm auf den runden Beistelltisch. »Ich glaube, der würde die Sache erleichtern. Auch und vor allem Ihnen.«

Eigentlich hatte die Dame genug getrunken, befand er, wie man beim Einparken beobachten durfte, doch der Fall schien tatsächlich ernst zu sein. Er goss für sie eine kleine Pfütze in ein Whiskyglas und für sich eine größere in ein anderes. »Sie sehen mich aufmerksam und gespannt wie einen Flitzebogen, Teuerste«, lächelte er, überreichte ihr Glas und nahm gegenüber Platz.

»Das Schlimmste ist, dass Sie meinen Vorschlag natürlich ablehnen werden. Also ich könnte es verstehen und täte es auch an Ihrer Stelle«, gab sie unumwunden zu, was ihm bereits zu Beginn ihres Gesprächs den Wind aus den Segeln nahm. Ja, es galt wirklich, die Ohren steif zu halten, erst recht bei seiner gewieften Sekretärin.

»Und wenn Sie ablehnen, werden Sie mich wahrscheinlich auch gleich feuern, Sie können gar nicht anders«, entschied sie mit immer noch gedämpfter Stimme.

Auch das war untypisch, denn in der Regel drückte sie sich klar und mit erhobener Stimme aus, wenn es etwas Wichtiges zu bereden galt. Sie seufzte tief, hob das Glas und nahm einen winzigen Schluck.

Seine Nerven, sämtlich in Habachtstellung, vibrierten, und seine Miene war ernst, als er salopp erwiderte: »Immer langsam mit den jungen Pferden.« Die Sache gestaltete sich in der Tat kompliziert. Seine Assistentin neigte nicht zu hysterischen Anfällen, doch diesmal schien sie nicht weit von einem entfernt. Sie erinnerte ihn momentan stark an Catarina, seine zweitjüngste Schwester. Deren Nasenflügel flatterten ebenso, und der Blick bekam etwas Starres, wenn sie kurz vor einem Ausbruch stand.

Seine Assistentin stellte das Glas auf den Tisch und betrachtete mit diesem beunruhigenden Blick angelegentlich das Kaminfeuer.

Er schob das Whiskyglas, das gefährlich nahe an der Kante des Mahagonitisches gelandet war, ein wenig zurück. »Also, Signora de Saint-Martin, gehen Sie's an. Sie sind doch sonst so mutig.«

»Ich muss Ihnen gestehen, dass ich Sie angelogen habe.«

Er spürte, wie sein Blut erneut in Wallung geriet und das noch mehr als bei ihrem wahnsinnigen Parkmanöver. »Ach, so etwas kommt bei Ihnen doch selten vor. Um welche handelt es sich denn, wenn man fragen darf?«

»Ich habe gelogen, dass ich nie wieder heiraten würde. Das ist gelogen«, wiederholte sie sich. »In der Tat.«

Beinahe hätte er schallend gelacht, doch das war längst nicht alles, was sie noch beichten würde, davon war er überzeugt. »Das ist in der Tat ein Kündigungsgrund«, bestätigte er milde. »Wenn ich etwas hasse, dann sind es Lügen.« Vor allem und in erster Linie, wenn er selbst angelogen wurde. Für

Lügen seinerseits lag die Messlatte niedriger, aber das hatte hiermit nichts zu tun. »Und wie ich herauszuhören meine, ist das noch nicht alles.«

»Nein, ist es nicht, und ich entschuldige mich für meine Lüge.«

Er hob sein Glas und führte es zum Mund. »Also, was noch?«, fragte er unsinnigerweise erheitert, obwohl sie wie so oft auf seinen Nerven herumtrampelte.

»Ich wollte Sie fragen, ob Sie mich heiraten könnten.«

Geschockt hielt er mitten in der Bewegung inne. Der Satz war den Lippen der Dame entfleucht, als hätte sie ihn um eine nette kleine Gefälligkeit gebeten wie um einen Tag Urlaub, und nicht um eine das ganze Leben umstürzende Entscheidung. Es kam selten vor, dass ihm etwas die Sprache verschlug, doch die Signora von und zu hatte es geschafft. Bedächtig nahm er einen winzigen Schluck. Der Whisky rann wie flüssiges Feuer seine Kehle hinab. »Ich scheine mich verhört zu haben. Beinahe hätte ich verstanden, ich solle Sie heiraten.«

»Sie haben mich insofern falsch verstanden, als ich Sie bitte und Ihnen nicht befehlige, mich zu heiraten.«

»Das ist in der Tat ein Unterschied«, stimmte er ihr kühl zu. »Darf ich Sie daran erinnern, dass ich ein großer Gegner der Ehe bin, und Sie mir dies auch in Ihrem Fall zusicherten?«

»Manchmal passieren Katastrophen, die eine Meinungsänderung nach sich ziehen.«

»Das mag sein, wenn mir auch keine bekannt wäre, die so ungeheuerlich ist, dass ich meine Meinung ändern würde. Abgesehen davon kommt diese Liebesbezeugung ziemlich plötzlich.«

Sie wedelte mit dem Zeigefinger hin und her – eine Bewegung, die sie schätzte, und ihn rasend machte. »Es ist keine Liebesbezeugung«, verbesserte sie ihn.

Er deponierte mit Bedacht sein Whiskyglas wieder auf dem Couchtisch. »Ach, Entschuldigung, wie konnte ich nur so etwas voraussetzen. Es geht nur um den Akt als solchen. Dennoch sehen Sie mich erstaunt. Sicher gestatten Sie mir eine kleine Bedenkzeit.« Er versuchte, seine Stimme ironisch klingen zu lassen, doch gelang es ihm nicht. Er räusperte sich und ergriff sein Glas zu einem weiteren Schluck, wobei er zu seinem Ärger bemerkte, dass seine Hand zitterte. Nur ein kleines bisschen, aber immerhin.

»Leider kann ich Ihnen die nicht zugestehen. Ich … Es müsste bis morgen Abend vierundzwanzig Uhr passieren, sonst … sonst bin ich … sind wir, also meine Familie und ich, … erledigt.« Bei den letzten Worten brach ihre Stimme. Sie schlug die Hände vors Gesicht und begann zu schluchzen.

Fassungslos setzte er das Glas erneut an die Lippen und schüttete seinen Inhalt in einem Zug in die ausgedörrte Kehle, woraufhin er prompt einen Hustenanfall bekam.

»Na, … sehen Sie, jetzt … sind Sie … geschockt«, brachte sie schluchzend hervor.

»Geschockt ist gar kein Ausdruck«, sagte er heiser. »Habe ich das jetzt richtig verstanden? Sie, die mich belogen und betrogen haben, wollen, als Krönung sozusagen, dass ich Sie heirate? Nicht in zwei Wochen oder gar einem Monat. Nein, gleich morgen früh? Einfach so? Ich fass es nicht.« Seine Stimme hatte an Lautstärke zugenommen, vor allem, weil er völlig durcheinander war, was nicht zuletzt an ihrem lauten Schluchzen lag. Weinende Frauen konnte er nicht ausstehen. Und er hatte sich extra für sie entschieden, weil er sicher glaubte, dass ihr ein solcher Fauxpas nicht passieren würde. Wieder ein Irrtum – und dicker Minuspunkt für sie.

»Ich habe Sie zwar belogen, aber nicht betrogen«, stieß sie stockend hervor, öffnete ihre Handtasche und nahm ein Taschentuch – eines aus Stoff, wie konnte es anders sein – heraus. Dann putzte sie sich laut die Nase. Bei ihm hätte sie die Ungeniertheit glatt bemängelt. »Außerdem hab ich keine Vertragsverletzung vorgenommen. Ich bin schließlich nicht in Sie verliebt. Und zudem haben Sie doch mit dem ganzen Kuddelmuddel angefangen, also das mit den Namen. Ich hätte nie bei der Bewerbung gelogen. Dass Sie mich heiraten wollen, daran hat natürlich meine Familie Schuld.«

»Von Wollen kann keine Rede sein.«

»Jetzt wissen Sie alles. Also? Was sagen Sie?«, überging sie geflissentlich seinen Einwurf.

»Ich sage natürlich Nein, Sie kleine Idiotin. Wie käme ich dazu, Sie stante pedes zu heiraten?«

»Es heißt stante pede«, verbesserte sie ihn und trocknete sich die Augen.

»Und erst recht ein Weib, das mich ständig verbessert«, stieß er erregt hervor.

»Das könnte ich abstellen, auch wenn Sie mich ja eigentlich darum gebeten hatten.«

»Jetzt noch mal ganz ruhig und von vorne«, befahl er. »Aus einem Grund, den ich noch nicht kenne, soll ich Sie morgen, womöglich noch in aller Herrgottsfrühe, heiraten. Sie sind in Not, und ich könnte Sie durch diese Heirat retten. Da es sich in unserem Fall nicht um Liebe handelt, nun meine Frage: Warum gerade ich, warum die Eile und vor allem, was bieten Sie als Gegenleistung?«

»Natürlich mich. Und ... und meinen guten Namen«, fügte sie leise hinzu. »Ich meine, mein Name, ... also meine Verbindungen zum französischen Adel ... würden Sie in angenehme Geschäftsbeziehungen stürzen.«

»Das würde mich in Todesqualen stürzen. Sie wissen doch, wie ich zur Aristokratie und dem ganzen Getue stehe«, rief er fassungslos, »einmal davon abgesehen, dass ich so etwas nicht nötig habe. Und angesichts der Tatsache, dass Sie mir einmal weismachen wollten, dass Sie keine Verbindung mehr zur Mischpoke Ihres Vaters und dem ganzen Adelsklüngel haben.«

»Das war ... äh ... ein wenig geflunkert.«

Er blickte sie wie vom Donner gerührt an. »Wie so vieles andere«, stieß er erbittert hervor.

»Jetzt vergessen Sie das doch mal mit dem Scheißadel«, rief sie.

Zum ersten Mal an diesem Abend überfiel ihn so etwas wie Freude. Die Dame konnte fluchen. Dicker Pluspunkt für sie. »Holla, Mylady ist ja richtig menschlich. Das böse Wort mit ›S-C-H‹ hab ich ja noch nie von Ihnen vernommen«, stieß er unnatürlich hoch mit affektierter Stimme hervor und schämte sich auf der Stelle, als er ihr Augenrollen sah.

»Himmel noch mal«, rief sie genervt aus, »seien Sie doch nicht so verdammt voreingenommen.«

Er räusperte sich und sagte mit normaler Stimme: »Also, warum in drei Herrgottsnamen diese Eile bei einem so denkwürdigen Schritt?«

»Wegen meines Alters und eines idiotischen Testaments«, sagte sie dunkel. »Ich bin heute noch neununddreißig Jahre alt. Meine Tante, der unser Haus gehörte, ist gestorben. Ich bin ihre Erbin – aber nur, wenn ich bis zu meinem vierzigsten Geburtstag verheiratet bin. Ansonsten geht alles an meinen Cousin. Er wollte schon heute das Haus. Aber da ich am neunundzwanzigsten und nicht am achtundzwanzigsten Februar geboren bin, habe ich in diesem Fall noch diese Nacht und den morgigen Tag zum Heiraten. Außerdem müssen Sie doch nur kurz verheiratet bleiben.«

»Was nennen Sie kurz?«

»So lange, bis mein Cousin sieht, dass ich geheiratet habe. Das würde bedeuten einen Tag, höchstens zwei.«

»Ach, das geht ja noch«, giftete er. »Wobei ein Tag mit Ihnen, normalen Menschen – zu denen ich Sie mit Verlaub nicht zähle – durchaus wie ein ganzes Jahr erscheinen könnte, so, wie ich Sie gerade kennenlernen durfte.« Die Sache war so unglaublich, dass er im ersten Moment nicht wusste, wie er sich verhalten sollte. Er war verheiratet gewesen, war geschieden, hatte viele Frauen kennengelernt und recht abenteuerliche Dinge erlebt, aber so etwas noch nicht.

»Die Scheidung ginge dann ganz leicht über die Bühne.«

»Da bin ich ja beruhigt«, rief er gekünstelt.

»Na, sehen Sie.«

Sie klang so erleichtert, dass er sie einen Moment entgeistert betrachtete. »Nur nebenbei, Sie würden natürlich meinen Namen Collani annehmen – sollte ich der irrsinnigen Sache zustimmen, was ich natürlich nicht tue.«

»Aber warum nicht?«, rief sie in einer Mischung aus Unschuld, Konfusion und Bestürzung.

Genervt beobachtete er, wie ihre Augen erneut in Tränen schwammen.

»Ich ... Sie müssten nur eine oder zwei Nächte in unserem Haus mit mir verbringen, damit mein Cousin nicht merkt, dass wir eigentlich gar kein richtiges Paar sind. Keine Sorge, unsere Haushälterin Elisa kann hervorragend kochen. Den Rest der Zeit hätten Sie ganz für sich alleine. Und natürlich auch die Nächte. Außerdem ist kein Regen angesagt, also kann es auch nicht in Ihr Zimmer reinregnen. Wobei ... Sie dürften natürlich das Zimmer unten im Turm benutzen.

Das besitzt sogar ein eigenes Bad. Und … und das mit dem Namen … äh … geht natürlich in Ordnung«, setzte sie hinzu. »Sie bräuchten mich also gar nicht zu treffen – außer natürlich zum Essen, denn es ist wirklich gut. Und … und wenn Sie darauf bestehen, würden wir Ihnen noch das Wohnrecht auf unsere Gästewohnung unten im Turm anbieten. Sehr romantisch.«

»Was soll ich mit einem Wohnrecht in einem Turm? Ich nenne zig Hotels mein Eigen, das müssten Sie doch am besten wissen«, gab er spöttisch von sich.

»Irrtum, die haben Sie alle verkauft.«

»Aber das nebenan gehört mir noch.«

»Wieder falsch. Das gehört Ihrer Mutter.«

»Das wenigstens über Zimmer verfügt, in die es nicht hineinregnet. Auf einer unserer Reisen waren Sie ausnahmsweise einmal ehrlich und haben gestanden, wie marode Ihr Schloss ist.«

»Es ist kein Schloss, aber das mal nur am Rande. Wenn … wenn Sie mit dem Gästezimmer nicht einverstanden sind, dann … dann könnte ich auch unseren Segantini anbieten. Ein Gemälde. Es ist echt und … und sicher wertvoll. Sie kennen doch Segantini?«, wagte sie, zögernd zu fragen.

Er hätte nicht wenig Lust gehabt, ihr eine zu kleben. »Meine liebe Dame, selbst ich ungehobelter Klotz kenne den Maler Segantini.«

»Auch sein Bild *Le due Madri*?«

Nein, das kannte er natürlich nicht. Aber ein Segantini war wertvoll, was immer er gekleckst haben mochte, da war er sich sicher. Ziemlich jedenfalls. Für alte Malereien wurden doch idiotisch hohe Preise gezahlt. »Sicher«, nickte er obenhin. »In dem Fall würde ich es mir vielleicht sogar überlegen«, sagte er und hätte sich eine Sekunde später am liebsten geohrfeigt. Das Bild interessierte ihn nicht die Bohne. Mit alten Ölschinken konnte er nichts anfangen. Und die Summe, die er dafür ausgeben würde, kratzte ihn auch nur am Rande, Geld besaß er schließlich genug.

Und dann erst ging ihm auf, was die Beschreibung seiner neuen Behausung in Wahrheit bedeutete. »Soll das etwa heißen, ich müsste in Ihrer Burg … in Ihrem Schloss oder was auch immer, bis zur Scheidung wohnen?«, schrie er beinahe. Es war natürlich ein absolutes Unding, einmal ganz davon abgesehen, dass das mit seinem Namen für sie kein Problem bedeute, eine Lüge war, wie ihm ihr ausweichender Blick signalisiert hatte.

»Es wäre nur so lange, wie mein Cousin John bei uns wohnt, sonst nimmt er uns das Ganze vielleicht nicht ab.« Sie hob hilflos die Hände. »Und natürlich ist es kein Schloss, sondern ein marodes Haus. Aber wir haben es noch ganz komfortabel. Sie hätten sogar ein eigenes Telefon in Ihrem Turmzimmer. Okay, Sie haben ein Smartphone, aber Sie wissen doch selbst, wie oft Sie es schon mal irgendwo liegen lassen. Unser Telefon ist Festnetz. Und wenn Sie wollen, dürfte Sie auch mein Bad benutzen, denn es besitzt nicht nur eine Dusche, sondern eine eigene Badewanne. Und ... wie gesagt, den Segantini nicht zu vergessen.«

Er betrachtete sie mit einem Ausdruck völliger Fassungslosigkeit. »Ein gemeinsames Bad! Gemeinsam mit Ihnen! Himmel, Sie haben wirklich Nerven«, brachte er schließlich mit trockenen Lippen hervor. Sie würde mit Sicherheit seine trompetenhaften Geräusche monieren, wenn er den Kopf unter Wasser hielt und sich dem Säubern seiner Nasenlöcher hingab.

Sie rollte die Augen und zischte: »Sie bekämen ein eigenes Bad, wenn Sie unten im Turmzimmer übernachten könnten, sollte John dieses verlassen. Ich bot Ihnen lediglich meine Badewanne an. Mann, Sie sind aber wirklich ...« Sie schenkte sich den Rest des Satzes. Dann holte sie tief Luft und fuhr fort: »Von mir aus könnten Sie auch hier bei sich wohnen bleiben und Sie kämen nur pro forma für ein oder zwei Nächte bei uns vorbei. Aber Sie wissen ja, wie der Teufel es will. Irgendein Notar kreuzt auf und merkt, dass Sie nie daheim übernachten, oder schlimmer noch, John, dieses Ekel, erklärt die Ehe für null und nichtig, da sie nicht vollzogen würde. Damit wäre die ganze Sache hinfällig, und wir hätten unsere Nerven umsonst strapaziert. Und dann ... dann bekäme mein Cousin unser Gutshaus, und wir müssten ausziehen ... und ... darum wäre es sicherer, Sie blieben bei uns, bis John das Feld räumt. Ich würde Sie auch nicht stören«, fügte sie verlegen hinzu. »Wenn John also bliebe, müssten Sie tatsächlich in das obere Gästezimmer. Aber wie gesagt, für die nächsten Tage ist kein Regen angesagt. Und ... und in diesem Fall müssten Sie tatsächlich mein Bad benutzen. Aber ... aber Sie dürften zuerst hinein.«

Sie hielt inne, und schon überfiel ihn Panik, sie würde erneut in Tränen ausbrechen. Doch dann schien sie sich gefangen zu haben. »Geld könnten wir Ihnen für dieses ... dieses Geschäft allerdings leider keines geben«, endete sie mit zitternder Stimme.

»Ach, das hätte ich jetzt nicht gedacht.«

»Außer natürlich den Segantini.«

»Ach, gehen Sie mir doch weg mit Ihrem Ölschinken!«, herrschte er sie an.

Einen Moment schwiegen sie, und es war längst nicht so wohltuend entspannt wie gewöhnlich, wenn sie zu zweit unterwegs waren. »Und nun zu meiner anderen Frage: Warum gerade ich? Ich meine, Sie sehen gut aus, manchmal, vor allem jetzt, wo Sie Ihr Haar ein wenig wachsen lassen. Da kann es Ihnen doch nicht an Verehrern mangeln. Außerdem sagten Sie, dass Sie verlobt seien.«

»Doch, oder nein ... also ich meine, ich war natürlich verlobt. Aber ... aber Emanuele, mein Verlobter, hat mich betrogen und fällt darum weg. Und einen Neuen hab ich noch nicht aufgetan.« Sie leerte mit einer ungestümen Bewegung ihr Whiskyglas. »Sie ... Sie sind als Einziger ... ich meine mehr oder weniger ... auf der Stelle verfügbar.«

»So, so.« Wieder schwieg er. Seine Gedanken überschlugen sich. Dies hier war weitaus verzwickter als sein letzter Vertrag mit diesem verrückten Argentinier. »Ich hätte da noch eine Frage«, sagte er und legte nachdenklich einen Finger auf die Lippen.

Ihr Kopf hob sich, und sie blickte ihm mit aufkeimender Hoffnung in die Augen. »Ja?«

Er richtete seinen lauernden Blick auf sie. »Nur mal ganz nebenbei ... Wie sähe es mit den ehelichen Pflichten aus? Ich meine, wir müssen schließlich Ihrem Cousin und dem Notar eine perfekte Komödie darbieten – gesetzt den Fall, ich stimmte dieser Irrsinnsidee zu?«

Ihre Miene verschloss sich. »Das ... die ... würden nicht stattfinden, schließlich handelt es sich bei uns nicht um eine Liebesbeziehung, wie Sie ganz richtig feststellten.«

»Nein, das nicht. Aber eine Ehe ist eine Ehe und sie dient dazu, den Fortbestand der Menschheit zu sichern, und den Ihrer Kreise ganz besonders, wenn Sie mir erlauben, dies zu erwähnen, n'est-ce pas?«

Sie wischte sich energisch über die Augen, sodass sie nun ebenso rot waren wie die Flecken auf ihren Wangen, stand auf und ergriff ihre Tasche. »Verzeihen Sie, das war natürlich völliger Schwachsinn von mir, mit dieser Bitte zu Ihnen zu kommen«, sagte sie mit tonloser Stimme, schwankte einen Moment und hielt sich an der Sofalehne fest. »Wie konnte ich so viel Mut bei Ihnen voraussetzen. Bitte entschuldigen Sie die Störung.«

»Das beantwortet nicht meine Frage«, sagte er und konnte nicht umhin, zu grinsen, als er sah, wie sie puterrot wurde.

Sie hastete zur Tür. »Auf Wiedersehen, Signor Collani, ich habe sehr gern bei Ihnen und … und *mit* Ihnen gearbeitet.« Mit diesen Worten huschte sie aus dem Wohnzimmer, riss ihre Jacke von der Garderobe und öffnete, ehe er reagieren konnte, die Wohnungstür zum Gehen.

Es musste an seiner Überarbeitung liegen oder an dem Schockerlebnis, dass er ihr hinterherstürzte. »Ich bin, verdammt noch mal, mutig wie drei Ochsen«, schrie er. »So bleiben Sie, meine Güte.«

»Es hat ja doch keinen Sinn«, rief sie zurück.

»Bei Gott, diese Frau ist mein Untergang«, zischte er und hastete die Treppe hinunter. Bevor sie die Tür aufmachen konnte, hielt er sie energisch am Arm. »Ich habe gesagt, Sie sollen warten«, sagte er mit befehlsgewohnter Stimme.

»Warum? Es ist doch alles gesagt«, gab sie, den Blick gesenkt, störrisch von sich.

»Es ist gar nichts gesagt – außer, dass Sie mich heiraten wollen. Schon gar nicht haben wir die Frage nach dem ehelichen Vollzug geklärt, der in unserem Fall, wenn ich es mal so nennen darf, von größter Bedeutung ist«, grinste er.

»Das ist nicht zum Lachen.«

Er wurde ernst. »Nein, ist es nicht, jedenfalls nicht für Sie und für mich weiß Gott auch nicht«, fügte er an. »Aber wissen Sie, das ist der erste Heiratsantrag, den eine Frau mir gemacht hat, da muss ich erst mal mit fertig werden. Sie sollten dem Delinquenten zumindest gestatten, ein, zwei Mal durchzuatmen, bevor der seinen Kopf unters Fallbeil legt.«

Ein Lachmuskel zuckte in ihrem Gesicht und die Fältchen um ihre Augen vermehrten sich. »Sie übertreiben«, kicherte sie.

»Was bleibt mir anderes übrig. Die Chose kann man nur mit Humor überleben.«

»Und?«, fragte sie und wandte ihm ihr gerötetes Gesicht zu.

Sie sah fantastisch aus, das musste man ihr lassen – kämpferisch, herausfordernd –, und brachte es dennoch fertig, trotz ihres Alters, denn immerhin wurde sie vierzig, beinahe wie ein junges Mädchen zu wirken.

»Und?«, wiederholte er. »Das war eigentlich meine Frage an Sie bezüglich der ehelichen Pflichten«, sagte er mit dem gebotenen Ernst, obwohl ihm momentan ebenso nach Lachen zumute war, der Himmel mochte wissen, wieso.

Sein eiserner Griff hielt sie zurück, ehe es ihr gelang, sich zu befreien – auf Nimmerwiedersehen, wie er vermutete. »Jetzt kommen Sie erst mal wieder rein, damit wir hier draußen nicht erfrieren, und dann sehen wir weiter!«

Zu seiner Erleichterung oder zu seinem Unglück, wer wusste es schon, folgte sie ihm. Schweigend stiegen sie die Treppe hinauf. Oben nahm er ihr im Flur die rosa Jacke ab. Obwohl er die Stufen in normalen Zeiten mühelos schaffte, keuchte er jetzt, als hätte er den Everest bestiegen – ohne Sauerstoffmaske.

»Ich weiß nicht, wie es Ihnen geht, aber nach dem Schock muss ich dringend etwas essen. Ich hoffe, Sie machen mir die Freude und leisten mir Gesellschaft«, sagte er mit schmeichelnder Stimme.

Er konnte es sich nicht erklären, doch es war ihm einfach momentan nicht möglich, sie verschwinden zu lassen. Wenn man ihn um Hilfe bat, vor allem eine Frau, wurde er schwach, das war schon immer so gewesen. Doch dass er jetzt seine Assistentin, die ihn dermaßen belogen hatte, zum Dableiben aufforderte, konnte erneut nur an seiner Überarbeitung liegen. Nichtsdestotrotz hatte er auf einmal einen Bärenhunger. »Ich hoffe, es macht Ihnen nichts aus, mit mir in der Küche zu essen.«

»Aber nein.«

Schweigend betraten sie die geräumige Küche, die mit Sicherheit mit jeder Schlossküche konkurrieren konnte, befand er. In ihr standen ein riesiger Herd und ein Tisch für vierzehn Personen, vor dem bequeme Korbstühle zu mehrstündigen gemeinschaftlichen Mahlzeiten mit der Großfamilie einluden. Dazu gab es ein ausladendes Buffet und ein Bücherregal, in dem sich seine internationale Kochbuchsammlung befand.

»Wenn es Ihnen recht ist, mache ich uns einen Tee dazu. Ich glaube, bei uns beiden ist heute Abend noch ein klarer Kopf vonnöten. Bitte nehmen Sie doch hier Platz, dann kommen wir uns nicht so verloren vor.« Er wies auf den kleinen runden Tisch mit zwei Cocktailsesseln am

Fenster zur Straße, wo er in der Regel frühstückte. Die Tischlampe tauchte die Ecke in gemütliches Licht.

»Gern.«

Als ersten Gang servierte er den Salat mit Süßwasserkrebsen und Melone mit frisch aufgebackenem Ciabatta. Der zweite Gang war die köstliche Kalbsleber venezianisch, für die Mariana extra dageblieben war, um sie frisch zuzubereiten – was er ihr nicht erlaubte, sondern sie nach Hause schickte, schließlich hatte sie lang genug auf ihn gewartet und er noch keinen Appetit verspürt. Sie gelang ihm genauso gut wie ihr. Im Kühlschrank gab es noch delikate kalte Bissen, die sie sicherlich noch benötigen würden, hatte er im Gefühl.

Nach dem Essen, das sie in Anbetracht der Eile, die ihnen die plötzliche Heirat abverlangte, rasch hinter sich brachten, bereitete er zwei Espressi. Um ihre plötzliche Schweigsamkeit zu überspielen, sprach vor allem er, und sie gab nur knapp Antwort. Wer sie jetzt sehen würde, könnte nicht glauben, wie vehement die Dame vorhin auf ihn eingeredet hatte, dachte er belustigt.

Eine halbe Stunde später war Vincenzo Collani, jüngster Sohn einer achtköpfigen Bauernfamilie, Vater eines musikalisch begabten Jungen, Selfmade-Millionär, geschieden und eigentlich entschiedener Gegner des erneuten Bundes fürs Leben, der angehende Gatte von Signora Isabella de Saint-Martin, ausgerechnet auch noch einer Von-und-Zu.

»Wir könnten in Gretna Green heiraten. Das hat vor einem Monat ein guter Freund von mir gemacht. Die alte Schmiede ist jetzt ein Museum, aber es gibt dort noch immer zwei Trauzimmer und sogar ein Hotel zum Übernachten«, sagte er später – wobei er sich nicht gestattete, weiter als bis zum morgigen Abend zu denken. Es war, als hätte eine fremde Stimme ihm befohlen, diese arme Frau und ihre Familie zu retten. Er konnte gar nicht anders, als die Ehe mit ihr einzugehen – wenn auch nur für kürzestmögliche Zeit, mithin einen Tag oder zwei – und die erforderliche Zeit in der Villa zu verbringen, denn um nichts Geringeres handelte es sich bei diesem schönen, wenn auch ein wenig in die Jahre gekommenen Haus in seinen Augen. Er kannte das Gebäude, es war ihm oft genug aufgefallen – mit dem geheimen Wunsch, sein Elternhaus irgendwann auch mit einem so bezaubernden Vorgarten aufzumotzen. Bisher bestand dieser *Vorgarten* aus einigen geteerten Parkplätzen. Aber darüber würde er sich später Gedanken machen. Zuerst kamen die organisatorischen Dinge an die Reihe.

»Und wie es der Teufel so will, steht für mich heute Abend das Privatflugzeug eines Freundes bereit. Das könnte uns nach Edinburgh düsen. Das wären Pi-Mal-Daumen drei Stunden. Dort mieten wir uns ein Auto und in zwei Stunden wären wir dort, sodass wir spätestens morgen Abend wieder hier wären. Sie müssen allerdings nüchtern sein, aber ich denke, bis wir dort sind, haben Sie das geschafft. Dann werden wir den

Pass vorweisen, ein paar Geldscheine opfern und ›Ja, ich will‹ flüstern. Das wär's.« Er hielt inne. »Ehe ich's vergesse: Haben Sie Ihren Ausweis dabei?«

»Ja.«

»Gut, dann können wir uns jetzt gleich auf den Weg machen«, sagte er beinahe heiter. Ja, sein neues Leben begann tatsächlich mit einem echten Abenteuer.

»Pardon?«

Oh Gott, schon wieder dieses Wort. Das würde er ihr als Erstes abgewöhnen. Nicht jedoch heute, sonst verlor er möglicherweise die Beherrschung, und sie würde auf die Heirat pfeifen. Was in seinem Falle nur gut, in ihrem jedoch desaströs endete, durchzuckte es ihn.

Kein Zweifel, sie war sichtlich geschockt. »Ich werde mir ja wohl wenigstens irgendetwas Frisches überziehen dürfen und nicht in den verschwitzten Kleidern vor den Traualtar ziehen.«

Er schüttelte den Kopf. »Tut mir leid. Aber wir müssen heute noch früh genug los, sonst geraten wir möglicherweise mit dem Nachtflugverbot in Konflikt, und das wollen wir doch nicht, oder? Wir können froh sein, dass der Pilot die Nachtflug-Genehmigung besitzt, sonst dürfte er heute überhaupt nicht mehr starten.«

Sie stöhnte. »Sie haben ja recht.«

Er nickte. Gut, dass sie es wenigstens dieses eine Mal einsah. »Und natürlich werden wir heute Abend zum Flughafen mein Auto nutzen. In Ihrem Zustand werden wir sonst ganz sicher noch einen Unfall verursachen, auch und vor allem verbietet sich die Fahrt ohnehin, so beschwipst wie Sie sind.«

»Ohne meinen Schwips wäre ich ja auch nicht auf die Idee gekommen, mich gerade an Sie zwecks Heirat zu wenden«, erwiderte sie mit matter Stimme. »Ihnen ist hoffentlich klar, dass ich nur aus Zwang diese Ehe eingehe.«

»Von der wir ersehnen, dass sie nur so lang wie das Leben einer Eintagsfliege währt«, antwortete er. »Davon abgesehen, ist Ihnen hoffentlich klar, dass ich auf diesen Irrsinn nur eingehe, weil ich ein weiches Herz habe.«

»Und weil Sie natürlich einen Segantini als Bezahlung erhalten«, stellte sie mit erstaunlich nüchterner Stimme klar.

Er ging in den Flur und kehrte mit seinem Smartphone zurück. Mit zusammengezogenen Brauen fixierte er es, als hielte er eine Bombe in Händen. Ohne den Blick zu heben sagte er: »Und Ihnen ist hoffentlich auch klar, dass das Bild möglicherweise wertvoll ist? Ich meine *sehr* wertvoll?«

Sie zuckte die Achseln und stand auf, um die Gläser zu spülen und in den Schrank zu stellen. »Egal. Wir verlieren sonst das Haus. Das ist uns wichtiger als der Segantini.«

»Dann habe ich Sie also gewarnt. Gut so. Jetzt genug geredet, ich muss telefonieren. Ich werde mich um den Flug kümmern. Hoffentlich ist heute überhaupt der Pilot verfügbar, wie mein Freund mir versprach. Wenn wir uns beeilen, könnten wir bereits in eineinhalb Stunden auf dem Veroner Flughafen in Villafranca sein – wenn ich unterwegs nicht einschlafe. Dieser verdammte Jetlag«, fügte er finster hinzu.

»Und ich muss zu Hause anrufen, damit sie Bescheid wissen. Meine Familie wird Augen machen, dass es geklappt hat.«

»Das glaub ich Ihnen aufs Wort«, entgegnete er mit leiser Ironie in der Stimme, während er mit gefasstem Blick am Smartphone hantierte. Sein Freund war auf Anhieb am Apparat. Und sie hatten Glück, genauer, Signora Von-und-Zu hatte Glück. Die Maschine in Villafranca war startbereit und der Pilot wach und hoffentlich ausgeruht, nachdem sie vor acht Stunden aus Neuseeland zurückgekehrt waren. Sein Freund machte in Cerealien, Knäcke und Müsli, so ganz genau wusste Vincenzo es auch nicht, da ihn dieses Mäusefutter noch nie interessiert hatte und er daher auch nicht im Leben daran gedacht hatte, in so etwas zu investieren. Nebenbei lauschte er Isabellas Stimme, als sie ihrer Mutter das Resultat ihres Besuches mitteilte, wobei sich ihre Wangen, falls überhaupt möglich, noch stärker röteten, was jedoch nicht allein am Alkohol lag, wie er vermutete.

Er steckte das Smartphone in die Jackentasche. »Also dann, auf in den Kampf, Signora de Saint-Martin. Zeit zu heiraten.« Dabei verwunderte ihn selbst seine erstaunlich muntere Stimme.

»Ich weiß gar nicht, wie ich Ihnen danken soll, Signor Collani«, murmelte sie leise.

Ehe sie ihm zu Füßen fiel, um sie zu küssen, und überdies eine erneute Tränenflut zu befürchten war, sagte er burschikoser als ihm zumute war: »Wird schon schiefgehen.«

»Sicher.« Sie klatschte in die Hände, wieder fast die alte, aufgeweckte Assistentin, die er kannte und äußerst schätzen gelernt hatte: »Nun denn, so sei es. Auf geht's, Signor Collani.«

12

Sie landeten nach drei Stunden in Edinburgh, mieteten sich ein Auto und nach zwei Stunden erreichten sie Gretna Green. Gretna Green war ein Dorf in Südschottland an der Grenze zu England. Es lag fünfunddreißig Kilometer südöstlich von Dumfries dicht an der Mündung des Esk. Auf der alten Postkutschenroute von London nach Edinburgh war Gretna Green das erste Dorf in Schottland. Heute lag es sehr nah an der Autobahn A74 und sie erreichten es ohne Stau.

Vincenzo hatte für alles gesorgt. Das Hotel hatte rund um die Uhr geöffnet, sodass sie mitten in der Nacht ihr Zimmer beziehen konnten. Selbst erstaunt, dass er noch die Augen offen halten konnte, was er natürlich dem Kurzschlaf im Flugzeug zu verdanken hatte, stand er vor dem kleinen Kühlschrank in dem Zimmer – einem Doppelzimmer natürlich – ihres Hotels nahe des Trauzimmers, das er in Limone bereits für sie reserviert hatte und von wo er auch die Trauung angemeldet hatte. Entgegen seiner Befürchtung hatten sie tatsächlich für den nächsten Morgen einen Termin erhalten, dank der Absage eines Pärchens kurz zuvor.

»Ich hoffe doch sehr, dass Sie sich nicht zieren wie eine Frau aus dem Biedermeier«, bemerkte er nebenbei, »aber ich finde es sähe seltsam aus, wenn wir uns jetzt noch auf die Suche nach zwei Einzelzimmern machen.«

»Wobei wir natürlich lange suchen müssten«, nickte sie und schielte seufzend auf das Doppelbett. Ihr war alles egal. Selbst wenn er den Wunsch äußerte, sie sich auf den Bauch zu binden – sie wollte nichts anderes als jetzt hineinzuspringen in dieses King-Size-Bett und morgen früh zu heiraten. Und wenn er auf den ehelichen Vollzug schon im Voraus bestehen sollte – ebenfalls egal. Später konnte sie immer noch regenerieren. Aber wahrscheinlich würde sie während des Aktes ohnehin einschlafen. Und möglicherweise ihr Gatte in spe ebenfalls.

Zuerst war sie sicher, kein Auge im Flugzeug zumachen zu können, doch dann hatte sie natürlich der Schlaf überwältigt. Sie konnte die Stunden gar nicht mehr zählen, wann sie zuletzt ein echtes Bett gesehen hatte.

Vincenzo schien die Sache völlig gelassen hinzunehmen, wie Isabella zu ihrem Erstaunen realisierte. Jede Pore seines Körpers deutete an, dass er seinen neuen Aufgaben nicht nur gefasst, sondern beinahe mit Eifer entgegensah. Aber das lag wahrscheinlich daran, dass er jeder Neuerung seines Lebens mit Energie und offenen Armen entgegenging. Eigentlich hatte sie mit dem Gegenteil gerechnet, damit, dass er sein Versprechen griesgrämig in die Tat umsetzen würde.

Er öffnete die Tür der Minibar und entnahm eine winzige Flasche Champagner. »Ich dachte, in Anbetracht der großen Stunde wäre es passend, sich Mut anzutrinken, was meinen Sie?«

»Könnte helfen, allerdings nur einen winzigen Schluck. Nicht dass man uns abweist, weil wir zu betrunken sind, um zu wissen, wie uns geschieht. Wobei ich mich jetzt schon so fühle«, seufzte sie. »Ich weiß ehrlich gesagt kaum noch, wo oben und unten ist.«

Er goss zwei Gläschen halbvoll. »Ich meinerseits gehe meiner Aufgabe hoch erhobenen Hauptes und mit wachem Verstand entgegen.« Er reichte ihr das Glas. »Was meinen Sie? Ich finde, Brautleute sollten sich vor dem großen Schritt duzen«, bestimmte er mit einem Lächeln. »Oder sieht der französische Adel das anders?«

Isabella spürte, wie die Röte ihren Hals hoch kroch. Ihr Chef sah manchmal wirklich verdammt sexy aus, durchzuckte es sie. Auch und vor allem, wenn er ein wenig frech war, wie jetzt gerade. »Keine Ahnung, früher sicherlich. Aber heute … ich nehme an, der französische Adel ist auch nur ein Mensch. Ich jedenfalls gebe Ihnen recht.« Sie nahm das Glas entgegen, und einen Moment durchzuckte sie die Berührung seiner Hände wie ein Blitz. »Mein Name ist Isabella«, brachte sie verwirrt hervor.

»Ich habe mittlerweile herausgefunden, dass dies tatsächlich seine Richtigkeit hat«, sagte er augenzwinkernd. »Ich heiße Vincenzo. Und nur wer mich ärgern möchte, wie meine kleinen Schwestern oder meine Mama, der nennt mich Vince. Aber ich glaube, das haben Sie …

pardon, … das hast du nicht vor, jedenfalls nicht, bevor ich mein Jawort abgegeben habe«, grinste er.

»Richtig. Bis dahin muss ich mich gut benehmen – auch wenn's schwerfällt.«

»Und wie geht es der glücklichen Braut in diesem unvergesslichen Augenblick?«

»Der Braut zittern die Knie«, erwiderte sie.

»Logisch, das ist das Lampenfieber. Das verspürt jede Braut kurz vor der Hochzeit«, sagte er milde.

Sie dachte daran, dass sie bereits jeder einmal diesen unvergesslichen Augenblick erlebt hatten. Und wie schade, fügte sie in Gedanken hinzu, dass sie schon zum zweiten Mal diesen unvergesslichen Augenblick im Schnelldurchlauf erlebte. »Lampenfieber, gewürzt mit einem Schuss Erkältung, fürchte ich«, krächzte sie. Aber insgeheim war sie sicher, dass es diesmal seine Nähe war, die ihr die Stimme verschlug. Oder war es doch nur der reichliche Alkoholkonsum? Sie hatte keine Ahnung.

»Daher also deine sexy Stimme. Dann lass uns ins Bett gehen, damit wir morgen früh fit fürs heiraten sind. Und morgen Nachmittag werfen Sie … pardon, … wirfst du deinem Cousin die Heiratsurkunde vor die Füße, und alles ist gut.«

Ja, der Mann war gut drauf, durchzuckte es Isabella warm. Was er anpackte, hatte Hand und Fuß. Kein Wunder, dass er das Geld nur so scheffelte. Mithin, wenn man es genau betrachtete, ein perfekter Ehemann.

»Ich bin dir ja so dankbar.«

»Du wiederholst dich.«

»Und ich finde, du bist wirklich ein Mann mit Mut.«

»Da bin ich mir ganz sicher«, nickte er lachend. Es entstand eine kleine Pause, während der sie die Gläser abstellten. Er trat ans Bett. »Ich lasse dir den Vortritt ins Bad«, sagte er.

Organisiert wie sein ganzes Leben lang, vermutete sie, hatte er dafür gesorgt, dass er von seiner Schwester ein Pyjama für Isabella erhielt. ›Mit den besten Grüßen unbekannterweise‹, hatte sie gegrinst.

Isabella musste lächeln, als sie daran dachte, dass er sie bei der Gelegenheit um ihre Kleidergröße gebeten hatte.

»Ich möchte nicht indiskret sein, aber mir scheint, Sie haben die selbe Größe wie meine Schwester. Vielleicht kann ich bei ihr ein Kleid stibitzen.«

»Ich trage 36. Also … sagen wir … 38«, verbesserte sie sich rasch. Flunkern war in diesem Fall kontraproduktiv. »Schuhgröße ebenfalls.«

Er brachte ein hübsches Kleid in hellblau. »Schuhe hab ich leider nicht. Tut mir leid.« Dafür hatte er an frische Unterwäsche gedacht, wofür sie ihm sehr dankbar war. Er hatte es abgelehnt, noch erst nach Hause zu fahren, wo sie sich hätte umziehen können. Und in Anbetracht ihrer Notlage hatte sie zugestimmt.

Sie seufzte, als sie daran dachte, dass sie oben wie im Sommer und unten wie im Winter zur

Trauung marschierte. Dennoch war sie froh, dass sie wenigstens in frischer Wäsche die Trauung vollziehen konnte. Später würde sie in einer wunderschönen Kirche in Weiß heiraten. Als sie merkte, wohin ihre Gedanken drifteten, wurde ihr heiß.

»Einen Moment noch«, bat er, »ich sollte wenigstens meiner Mutter eine Messenger-Nachricht hinterlassen, warum ich nicht zum morgigen Treffen komme. Für so was sind die Dinger …«, er hielt das Smartphone hoch, »… ja doch ganz praktisch.«

»Oh ja, natürlich. Da wird sie sicher sehr erstaunt sein, wenn sie das mit uns erfährt.«

»Und nicht nur sie. Aber wahrscheinlich weiß sie schon Bescheid, denn meine Schwester ist eine Plaudertasche. In zehn Minuten wird die komplette Familie Bescheid wissen«, prophezeite er. »Gut so, denn meinen Leuten kann ich unser kleines Arrangement natürlich nicht verheimlichen«, gab er zu. Mit seinem Sohn würde er später sprechen. Dazu benötigte er Zeit.

»Du hast vollkommen recht.« Ein bisschen wunderte sie sich über seine gute Laune. Sie selbst war nicht einmal mehr sonderlich aufgeregt. Sie fühlte sich wie in Watte verpackt, geschützt vor lästigen Zweifeln, gerade so, als sei sie in einem Kokon eingewebt. Zu allem steckte ihr natürlich auch noch der Alkoholkonsum vom vergangenen Abend in den Knochen. Es konnte nur daran liegen, dass sie sich ganz seiner Führung überließ. Wie eigentlich immer, sinnierte sie, und auch das verwunderte sie, denn es entsprach durchaus nicht ihrer Art.

Sie ging ins Bad, während er telefonierte, und eine Viertelstunde und eine heiße Dusche später war sie im herrlich weichen Riesenbett eingeschlafen, noch bevor er das Schlafzimmer nach dem Bad betreten hatte.

Und am nächsten Tag um zehn Uhr lautete ihr Name Signora Isabella Collani. In letzter Sekunde dachte Vincenzo daran, dass sie Ringe benötigten – die es natürlich im Hotel in sämtlichen Preislagen zu kaufen gab. Ebenso wurden zwei Trauzeugen gestellt, damit alles seine Richtigkeit hatte.

Dann kam der große Moment: »Ja, ich will«, hauchte sie, und Vincenzo tat es ihr nach. Diesmal war sie sicher, dass ihre Stimmen nicht infolge Alkohols so heiser klangen.

Später entstand ein Moment der Verwirrung, als der Beamte ihnen erlaubte, sich nun zu küssen, was in Isabellas Augen jedoch eher einer Aufforderung gleichkam. Damit hatten weder sie noch Vincenzo gerechnet, wie sie an seinem Gesichtsausdruck erkannte. Er wandte sich ihr vollends zu und schaute ihr in die Augen. Gerührt begriff sie, wie einen Moment die selbstbewusste Fassade Risse bekam, hinter der sich ein schutzloser kleiner Junge verbarg. Dann schlossen sich die Risse, und es erwies sich erneut, dass der Bräutigam ein Mann der Tat war. Er nahm sie mit festem Griff in den Arm, und dann berührten seine schönen, vollen Lippen die ihren, zunächst sanft, dann fordernd und dann gaben sie sich einem erregenden Kuss hin. Und dann schaltete sie diesen letzten störenden Gedanken aus und ließ allein ihr Herz sprechen.

Auf dem kurzen Weg zum Mietwagen – das Hotel war bereits bezahlt und die Reisetasche stand griffbereit hinten an der Wand im Trauzimmer – waren sie beide stumm. Beide atmeten erleichtert aus, als sie den Wagen erreichten. Was hätten sie auch sagen sollen: Na, wie fandest du es? Ich bin so glücklich? Ich bin froh, dass es vorüber ist? Nichts von alledem passte zur Situation.

Während er ihr die Wagentür öffnete, sagte er: »Es tut mir leid, ich hätte dich fragen müssen, ob du noch an die Bar möchtest, damit wir unsere Hochzeit … das … äh … Geschäft besiegeln.«

Als er das Wort *Geschäft* erwähnte, durchzuckte sie ein Hauch von Wehmut. Sie schüttelte den Kopf. »Nein danke. Ich hab noch genug vom gestrigen Alkohol. Dieses Arrangement muss man nicht feiern. Ich meine, die Situation war wirklich bizarr, aber es fühlte sich trotzdem nicht nach *Geschäft* an. Es war natürlich keine Liebesheirat oder … nun ja, keine gewöhnliche Heirat. Aber es kam mir auch nicht ganz falsch vor.«

Der Kuss, dachte sie, hatte jedenfalls nichts Geschäftliches gehabt, da war sie völlig sicher. Im Gegenteil. Es war der leidenschaftlichste, heißeste Kuss gewesen, den sie jemals genossen hatte.

Kein Wunder, der Mann war fünfundvierzig und hatte Erfahrung. Aber geschäftlich? Nein, Geschäfte besiegelte man kaltblütig, und in diesem Moment war er alles andere als das gewesen. Ebenso wenig wie sie. »Ich betrachte es eher als eine Gefälligkeit deinerseits. Ich … ich meine, der Segantini gehört dir natürlich. Also, danke nochmals.«

»Vergiss doch den Segantini.« Er fuhr sich durch die Fülle seines Haars. »Und der Kuss … äh … da blieb keine Zeit, dich lange vorher um Erlaubnis zu bitten, zu dem hat uns der Mann ja mehr oder weniger gedrängt.«

»Hat auch gar nicht wehgetan.«

»Ganz im Gegenteil.«

Sie lächelten sich schweigend an. Dann setzte sie sich in den Wagen, mit zitternden Knien und klopfendem Herzen. Wo blieb ihr Geschick zum Smalltalk? Wo hatte er seine kleinen Frechheiten versteckt, mit denen er sie in den letzten drei Monaten des Öfteren geneckt hatte?

Sie wandte sich zur Seite und reichte ihm zögernd die Hand. »Also, dann sag ich dir noch einmal recht herzlichen Dank für alles.«

Hielt er ihre Hand länger und vor allem fester als normal? Jedenfalls spürte sie deutlich den ungewohnten, sehr breiten Ring an ihrer Rechten.

»Gern geschehen.«

Hatte seine Stimme immer schon so wundervoll geklungen?

Sie entzog ihm ihre Hand, und der erneute Moment der atemlosen Stille ließ ihr Herz holpern.

Hilfe! Doch schon beendete er den bebenden Augenblick, drehte den Wagenschlüssel und startete den Wagen.

Sie atmete tief ein und aus. Gerettet!

13

Nach der Reise, bei der sie nicht viele Worte wechselten, fuhr sie am Nachmittag mit ihrem frisch angetrauten Ehemann zu ihrem Haus in Riva. Vincenzo parkte seinen Jaguar vor dem Brunnen, und sie stiegen aus.

»Hoffentlich hat dein Vater die Zitronen gut geschützt. Mit diesem Schnee hab ich gar nicht mehr gerechnet«, sagte Isabella mit belegter Stimme, nur um etwas zu sagen.

»Freilich. Er versteht sein Handwerk – abgesehen davon, dass nicht er allein die Limonaia winterlich geschützt hat, sondern wir alle zusammen, also die Familie und Freunde, und das bereits im November«, schmunzelte Vincenzo.

Sie blieben stehen und ließen das Bild auf sich wirken, das sich unwirklich vor ihren Augen bot. Es kam ihr fast vor, als seien sie von einer Weltreise zurückgekehrt.

Es war einer jener traumhaften Abende, wie sie sie oft um diese Jahreszeit erfreuten, wenn alles um sie her zur Theaterkulisse wurde, gerahmt vom Glitzern des Lagos. Diesmal jedoch erlebten sie nicht den seidigen Schmelz der frühen oder späten Jahreszeit. Heute hatte sich die Region erneut mit einem seltenen winterlichen Kleid geschmückt.

Das passende Ambiente für die heimkehrende Braut, durchzuckte es Isabella. Unwillkürlich traten ihr die Tränen in die Augen, wie es ihr manchmal passierte, wenn sie außergewöhnlicher Schönheit ansichtig wurde.

Die Bäume mit ihren von Schnee überzuckerten Ästen gaben ein malerisches Bild, das selbst untalentierte Maler anstiftete, zum Pinsel zu greifen. Die Sträucher komplettierten den Eindruck eines sanften Winteraquarells. Die Eiskristalle entlang der Blattränder waren von einer ästhetischen Schönheit, die durch die Strahler zwischen den Magnolien hervorgehoben wurde, welche den Weg zum Haus beleuchteten. Teilweise hatten sich sogar noch Schneereste auf dem Dach des Hauses gehalten. Nein, sie mussten sich wirklich nicht schämen. Ihr Anwesen besaß immer noch zwar morbiden, dennoch anziehenden Charme.

Sie öffnete die Haupteingangstür und sie betraten den geräumigen Vorraum, wo sich eine Ablage aus Mahagoniholz befand, auf der sie die Post deponierten und Elisa oder ihre Mutter immer für einen frischen Blumenstrauß oder wie jetzt für grüne Ilexzweige in einem hübsch verzierten braunen Tontopf sorgten, neben dem sie rote Kerzen in einem hohen Leuchter aus Bauernsilber aufgestellt hatten. Ihr heller Schein erzeugte die Illusion von Wärme, die dieser Eiskeller auch bitter nötig hatte, doch Isabella kannte es nicht anders. Der Vorraum wurde nie beheizt – mal um zu sparen, mal weil man es nicht für nötig befand. Sie alle waren abgehärtet und heizten die Wohnräume in der Regel öfter mittels offenem Kaminfeuer als mit der Ölheizung, denn die Temperaturen fielen selten unter null Grad so wie in den letzten Tagen. Und Signor Collani war ebenfalls nicht aus Zucker, dachte sie amüsiert, er würde es überstehen, dass es trotz der modernen Heizung in dem Riesenhaus immer noch Ecken gab, die unbeheizbar waren. Er musste ja auch nur ein, zwei Tage aushalten.

Vincenzo folgte ihr, und Isabella bemerkte, wie interessiert er sich umsah. Sie nahm ihm den Mantel ab und hängte ihn in den Schrank neben ihre eigene rosa Daunenjacke. Dann betraten sie den Flur. »Das ist also der Segantini – der jetzt dir gehört«, sagte sie und wies auf das Bild.

Er blieb stehen und betrachtete es still. Als keine Regung seinerseits erfolgte, ging sie weiter, den Flur entlang hinein in die Küche. Hier empfing sie wohlige Wärme, und es duftete anheimelnd nach frischem Kaffee und Eiern mit Speck. Sie hatte ihre genaue Ankunft avisiert, dem Navi sei dank. Und natürlich von dem positiven Ausgang der Unternehmung.

Ihr Vater saß am Tisch und las in einer alten Ausgabe irgendeines Magazins, während ihre Mutter Toastscheiben auf den Tisch stellte, auf dem sich bereits Butter und Honig befanden. Auf einem großen Stövchen standen eine Kaffee- sowie eine Teekanne. Auf dem Herd brutzelte Speck mit Eiern.

Ihr Vater blickte ihnen mit wachen Augen entgegen. Trotzdem entgingen ihr nicht die Zeichen der Ermüdung, und zum ersten Mal erkannte sie, dass er kein Jahr jünger als seine einundsechzig Lebensjahre aussah. Auch Chiara strahlte ihnen entgegen.

Isabella räusperte sich. »Ciao, Papa, hallo, Mama, darf ich euch meinen Gatten und Chef, Signor Vincenzo Collani, vorstellen«, nahm sie die Angelegenheit forsch in die Hand. Sie war jemand, der, wenn eine Sache einmal entschieden war, keine großen Worte machte, sondern schnurstracks auf sein Ziel zustrebte.

»Oh, das freut mich aber.« Ihr Vater stellte die Tasse mit dem dampfenden Kaffee auf den Küchentisch, stand auf und streckte dem Glücklichen, der nun neben Isabella im Türrahmen erschien, strahlend die Hand entgegen. »Signor Collani, herzlich willkommen in unserem Heim. Ich bin glücklich, dass Sie sich entschieden haben, meine Tochter zur Frau zu nehmen, was, wie ich Ihnen versichern darf, keine schlechte Wahl ist.« Er musste den Kopf hochrecken, denn Signor Collani überragte ihn um ein ganzes Stück.

Angesichts seiner stolzen Worte errötete Isabella, und sie bemerkte die Erleichterung in seinen Augen, die auf einmal verdächtig leuchteten. Tja, Paps, da darfst du dich wirklich freuen, dass sich in allerletzter Sekunde das Schicksal zu unseren Gunsten gedreht hat. Dann erwiderte sie die heftige Umarmung ihrer Mutter, in deren Augen die Tränen glänzten.

»Das Vergnügen ist ganz auf meiner Seite«, antwortete Vincenzo höflich und mit noch heiserer

Stimme als sonst, wie Isabella mit Erstaunen bemerkte. Bei ihm handelte es sich definitiv nicht um Erkältungsanzeichen. Sollte auch ihn ihr Arrangement nicht völlig gleichgültig lassen? Sicherlich war dies hier eines seiner größten Abenteuer, dachte sie belustigt. Ihre eigenen Gefühle konnte sie momentan nicht beschreiben. Alles in ihr fühlte sich neu an, und keinesfalls so wie bei ihrer ersten Eheschließung, obwohl diese auch unter aufregenden Umständen in Gretna Green stattgefunden hatte, denn sie waren heimlich dorthin geflohen. Doch die heutige Aufregung brachte noch ein weiteres Gefühl mit sich: ein Kribbeln, als nähme sie ein Bad in prickelndem Champagner. Wahrscheinlich bekam sie auch noch Fieber.

Chiara küsste ihre Tochter auf die Wange, dann trat sie auf Vincenzo zu. »Willkommen in unserer Familie, Signor Collani.«

»Bitte duzt euch, Mama. Ich glaube, jetzt wäre es an der Zeit.«

Chiaras Augen leuchteten wie die Weihnachtskugeln, mit denen sie jedes Weihnachten den Baum im Wohnzimmer schmückten. »Du hast recht. Signor Collani, ich bin Chiara. Und das ist mein Mann Thibault.«

»Ich bin Vincenzo.«

»Papa, Mama, Vincenzo war so nett, mich pro forma zu heiraten. Ich habe ihm dafür den Segantini versprochen.«

»Nein!« Der Ausruf kam von ihrem Vater.

Isabella merkte, wie ihr das Blut in die Beine sackte. Sie schaute in Chiaras Richtung und bemerkte, wie deren erstaunter Blick hilflos zu ihrem Vater wanderte. »Thibault?«

Ihr Vater war weiß wie die Wand. Er räusperte sich. »Schon in Ordnung. Wenn unsere Tochter das beschlossen hat, ist das in Ordnung.«

Isabella wurde Angst und Bange. Was ging hier vor? Sie hatten das Thema doch vorher besprochen, und die Eltern hatten zugestimmt. Oder nicht?

»Selbstverständlich«, sagte Chiara mit fester Stimme. »Der Segantini gehört natürlich dir.«

»Es könnte sein, dass er mittlerweile ziemlich hoch gehandelt wird«, antwortete Vincenzo.

»Schluss jetzt mit dem Bild. Bitte nehmt doch Platz, Kinder«, bat Chiara, jetzt wieder mit ihrer normalen, sanften Stimme, und Isabella musste heimlich grinsen. Kinder! Ja, für ihre Mutter blieb sie ewig Kind. Doch Vincenzo war ebenso wenig Kind wie Casanova in seinen besten Jahren. »Möchtet ihr etwas essen? Ich hab Eier mit Speck bereitet«, sagte Chiara.

»Ich koche immer sonntags, da hat Elisa frei. Heute Abend gibt es ein kleines Festessen. Wir sind mittags alle nur rasch in die Pizzeria essen gegangen«, informierte sie Vincenzo sichtlich aufgeregt. »Ach, Elisa und Paula kennst du ja noch gar nicht. Elisa, musst du wissen, stellen wir immer als unsere Haushälterin vor. Aber natürlich ist sie viel mehr als das. Sie und Paula sind unsere Freundinnen, die für uns sorgen. Sie wohnen oben. Ich lauf schnell hinauf und hol sie. Das Gästezimmer oben ist gerichtet. Du schläfst doch heute bei uns, Vincenzo?«

»Ja, das hatte ich vor. Ihre … deine Tochter bat mich, die nächsten Tage hier zu übernachten, solange ihr Cousin noch hier ist, damit alles seine Ordnung hat«, fügte er hinzu, und Isabella entdeckte das Glitzern in seinen Augen.

Chiara verließ die Küche.

»Möchtest du eine Tasse Kaffee oder schwarzen Tee dazu und Tiroler Speck, den Paula jedes Wochenende im Winter aus Madonna mitbringt?«, fragte Isabella Vincenzo.

»Kaffee, gern, und Speck mit Eiern wäre wunderbar.«

Isabella nahm die Pfanne vom Herd und gab das Essen auf zwei Teller. »Du auch, Papa?«

»Nein, danke.«

»Mama bevorzugt guten englischen Tee. Ich vermute, für Champagner ist jetzt noch nicht der richtige Zeitpunkt. Du kennst die Wirkung auf leeren Magen.«

»Kaffee wäre jetzt genau richtig.«

Isabella hatte sich gerade ebenso den Teller gehäuft, da erschienen die drei Frauen in der Küche, und es wurde erneut vorgestellt und gratuliert. Und dann setzten sie sich alle hin. Die Frauen tranken Tee, allein Vincenzo und Isabella genossen die Eier mit Speck. Dazu gab es auch noch schwarze Oliven, Schinken und Käse.

»Ich bin froh, dass wir meinen Geburtstag erst am nächsten Wochenende richtig groß feiern«, sagte Isabella. »Die Vorstellung, den Abend mit John zu begehen, würde alle Freude zunichte machen. Aber vielleicht wird er auch angesichts meines Eheglücks gar nicht bleiben«, fügte sie vergnügt hinterher.

»Sprich nicht weiter. Er müsste jeden Moment hier aufkreuzen.«

Und tatsächlich hörten sie im gleichen Moment die Haustür ins Schloss fallen. Alle begannen zu lachen. Dann wurde die Küchentür aufgerissen.

»Oh, alle Mann versammelt. Da komme ich ja gerade recht«, erschallte die aufgeräumte Begrüßung.

Isabella stand auf. »Hallo, lieber John. Darf ich dich mit meinem Ehemann, Signor Vincenzo Collani, bekannt machen?«

Vincenzo stand ebenfalls auf und reichte John die Hand. »Freut mich, Sie kennen zu lernen. Isabella hat mir schon viel von Ihnen erzählt«, sagte Vincenzo mit jovialer Stimme.

John erbleichte. »Zeigt mir die Heiratsurkunde.«

Isabella ging in den Flur und holte ihre Handtasche, in der nicht nur die Heiratspapiere Platz fanden, sondern zur Not auch ihr Notebook sowie ein kompletter Aktenordner, was sich bei Terminen mit Vincenzos Kunden als sehr praktisch herausgestellt hatte.

Als sie bei ihrer Rückkehr der Atem ihres Cousins streifte, bemerkte sie die leichte Fahne. Nun, er würde gleich noch mehr Stütze in Form von Alkoholika benötigen, wie sie ihn kannte. »Da, bitteschön. Vergewissere dich selbst. Es hat alles seine Richtigkeit«, unterbrach sie die unangenehme Stille.

»Das habt ihr euch ja fein ausgemalt. Aber die Suppe ist noch nicht aufgelöffelt«, fabulierte er. »Das lass ich auf jeden Fall von meinem Anwalt prüfen.«

»Aber gern«, säuselte Isabella. »Hier die Kopie der Urkunde.«

Er nahm das Blatt, das sie sich bereits in Gretna Green hatten ausstellen lassen, entgegen und warf einen kurzen Blick darauf. »Man sieht sich«, warnte John die Familie, verließ die Küche und stapfte in sein privates Gästezimmer.

Aufatmend sanken Vincenzo und Isabella zurück auf ihre Stühle. »Puh, auch wenn alles seine Richtigkeit hat, irgendwie macht er einem immer noch Angst.«

»Das muss es nicht«, sagte Chiara und legte Isabella den Arm um die Schulter.

Nach dem kleinen Zwischenmahl erhob sich Vincenzo. »Ich fahre noch einmal kurz nach Hause, mir ein wenig zum Anziehen holen. Daran, dass ich hier bei euch übernachten werde, hab ich natürlich nicht rechtzeitig gedacht. Wir sehen uns dann gleich wieder in neuer Frische«, verabschiedete er sich.

»Das wollen wir hoffen«, erwiderte Chiara mit blanken Augen.

Und ich erst, dachte Isabella insgeheim seufzend und stand auf, um ihn nach draußen zu begleiten. Da nahm Vincenzo sie in den Arm und küsste sie rasch auf die Wange – vor den Augen ihrer Familie –, woraufhin Isabella sogleich eine kleine Schwäche in ihren Beinen bemerkte.

Unverhofft verschaffte ihr die Berührung seines Pullovers, unter dem Vincenzos warmer und starker Arm zu spüren war, ein Gefühl von Geborgenheit, etwas, das sie nur ihrem aufgewühlten Zustand zuschreiben konnte.

»Da fällt mir ein, Vincenzo, dürfte ich dich begleiten? Ich könnte dann Papas Auto hierher fahren.«

»Aber natürlich.«

»Bis dann, Vincenzo«, sagte Chiara. »Und fahrt vorsichtig.«

»Das tut mein Chef doch immer«, antwortete Isabella heiter.

»Im Gegensatz zu deiner Tochter«, setzte Vincenzo hinzu.

»Besser, du lässt sie nicht an deinen Jaguar«, schlug Thibault gemütlich hinter der Zeitung, die er in mehrstündigem Studium genoss, vor. Von dem Jaguar hatte Isabella ihm bereits nach ihrer ersten Reise berichtet, sie wusste, welche Leidenschaft für Oldtimer ihr Vater hegte.

»Nur über meine Leiche«, grinste Vincenzo.

»Ja, ja, schön, dass ihr euch so gut versteht. Aber jetzt lass uns fahren«, drängte Isabella.

Sie verließen die Küche, nahmen in der Eingangshalle seinen Mantel und ihre Jacke, wobei ihr Vincenzo natürlich beim Anziehen behilflich war, und dann gingen sie zu seinem Wagen. Vincenzo schloss auf und öffnete ihr die Tür. Dann half er ihr aus der Jacke, legte sie auf den Rücksitz und ging auf die Fahrerseite. Dort entledigte er sich ebenfalls seines Mantels und stieg ein.

»Das wäre geschafft«, seufzte Isabella aus den bequemen Tiefen des Autositzes.

»Was?«, fragte Vincenzo neugierig.

»Na, die Vorstellungszeremonie mit den Familienmitgliedern. Den wichtigsten jedenfalls. Und John haben wir auch schon hinter uns gebracht«, seufzte Isabella

Vincenzo drehte den Zündschlüssel, startete, und das Automobil, anders konnte man den eleganten Wagen nicht nennen, schnurrte los. Sie bogen auf die Straße und fuhren dann, den Straßenverhältnissen angepasst, in gemächlichem Tempo nach Limone.

Nicht zum ersten Mal wunderte Isabella sich über seinen Fahrstil. Vor ihrer ersten gemeinsamen Geschäftsreise hatte sie befürchtet, dem aggressiven Fahrverhalten eines Rohlings ausgeliefert zu sein, denn sie war der Meinung, dass sich hinter dem Steuer der wahre Charakter eines Menschen herausstellte. Doch er hatte sie bass erstaunt und ihren ersten Eindruck von ihm als jemandem, der über Leichen gehen konnte, wenn's ihm behagte, revidiert. Wenn sie in Eile gewesen waren, hatte er das Tempo angezogen, aber ansonsten war sein Fahrstil besonnen und vorsichtig, sodass Isabella nicht die Augen aus Angst schließen musste, denn sie hasste Rennfahrer, erst recht auf den schmalen Straßen rings um den Lago, sondern sie nur schloss, um sich ein wohliges Schläfchen zu gönnen.

Ihre Erwartung, einen harten Kämpfer vor sich zu haben, der sich rücksichtslos nahm, was er wollte, war ein Trugschluss gewesen und das gefiel ihr. Tatsächlich hatte er zwei unterschiedliche Facetten seines Wesens nach und nach offenbart. Auf der einen Seite war er tatsächlich ein Kämpfer, wenn er auch nicht gerade über Leichen ging. Andererseits war der Vergleich seiner kleinen Schwester mit den Blättern des Elefantenfußes auch nicht so weit hergeholt, wonach ihr Vincenzo als eine Pflanze mit robustem Stamm und empfindlichen Blättern, sprich empfindsamen Antennen schien. Oft genug lernte auch Isabella seine warmherzige und humorvolle Art kennen, und ja, ab und zu trat sogar sein sensibles Inneres zutage. Wenn seine Launen auf ihren Reisen dann und wann schmerzhaft in den Vordergrund traten, so hatte er doch Mitgefühl gezeigt.

Auf ihrer ersten Reise, als sie ihm nach einem anstrengenden Tag und einem Glas Wein auf nüchternen Magen vom Betrug Emanueles erzählte und sie zu ihrem Entsetzen dabei in Tränen ausgebrochen war, hatte er ihr unverzüglich einen arbeitsfreien Tag aufgezwungen. Es war ihr erst furchtbar peinlich gewesen, doch in Anbetracht der Tatsache, dass sie sich auf der Trauminsel Mauritius befanden, dann doch ganz leicht gefallen. Ja, zuweilen konnte er richtig nett sein, ihr frisch gebackener und in Kürze geschiedener Ehemann.

»Ich denke, für eine Nacht geht es oben mit dem Gästezimmer, und morgen schon kannst du ganz bestimmt nach unten ins Turmzimmer ziehen. Da bist du sicher, falls es regnen sollte.« Die Worte waren heraus, und sie bemerkte umgehend ihren Irrtum. »Wobei du natürlich, wenn John fort ist, auch die Biege machen kannst«, fügte sie leiser hinzu.

»Übrigens möchte ich dich daran erinnern, dass der Segantini in eurem Schloss tatsächlich eine Menge Geld wert sein dürfte, ich werde es noch genau im Internet recherchieren.«

»Im Gutshof, wenn schon. Das Haus eine Villa oder gar ein Schloss zu nennen, ist maßlos übertrieben«, verbesserte Isabella ihn automatisch. Dann erst drang ihr der Sinn des Wortes ins Oberstübchen. »Was bedeutet in deinen Augen eine Menge Geld?«

»Mehrere hunderttausend Euro. Also überlegt es euch noch mal. Denn ich möchte nicht, dass ihr euch übers Ohr gehauen fühlt. Auch wenn die Umstände dieses Geschäfts etwas ungewöhnlich waren, so habe ich doch nicht *nur* unter deiner Anwesenheit gelitten. Und den Ring kann man natürlich leicht wieder vom Finger ziehen.«

Sie schüttelte wortlos den Kopf. Nach einer Weile, als sie sicher sein konnte, dass ihr die Stimme nicht versagte, brachte sie beherrscht hervor: »Kommt nicht infrage. Wir de Saint-Martin stehen zu unserem Wort.« Hoffentlich sahen das ihre Eltern ebenso, aber eigentlich war sie davon ziemlich überzeugt. Das hatten sie selbst behauptet. Und außerdem war es in erster Linie ihre Entscheidung. Sie übernahm das Haus und damit sämtliche Risiken. Punkt.

»Und wie geht es weiter? Wirst du morgen deinen Geburtstag ganz groß feiern? Und wie wirst du auftreten? Als glückliche Braut? Oder als Sitzengelassene? Oder wirst du niemandem von unserem Arrangement erzählen?«

»Ach, du liebe Zeit«, stöhnte Isabella. »Daran habe ich überhaupt nicht gedacht. Nein, weder das eine noch das andere. Wir werden in aller Stille ein Glas Sekt trinken. Erst am Wochenende trifft die Familie aus Frankreich ein. Du musst wissen«, sagte sie leiser, »unsere Familie in Frankreich ist ziemlich groß, und ... wir verstehen uns sehr gut. Sie sind alle sehr nett, außer vielleicht meine Cousine Jeanette aus Grenoble. Sie ist immer ein wenig von oben herab, wenn sie unser Haus sieht. Und ... und der Bruder meines Vaters, also mein Onkel Simon, ist etwas ... äh ... sehr in Rotwein verliebt. Wenn er zu viel trinkt, dann verwechselt er schon mal Sonne und Mond und haut dir die Faust aufs Auge, wenn er meint, im Recht zu sein ... und das vermeint er gern einmal.«

Vincenzo trat vor der Ampel so heftig auf die Bremse, dass der Wagen leicht zur Seite schleuderte.

Isabella hielt die Luft an.

»Keine Bange, geliebte Gattin, für meinen rechten Haken bin ich berühmt.«

»Ein Glück, denn seiner ist auch nicht von schlechten Eltern ... naja, so war es mal bei einem Fest vor ... nun ... vor circa zwanzig Jahren. Heute ist er also auch nicht mehr der Jüngste.«

»Wieso *auch*?«, kam die trockene Gegenfrage.

»Nun, ich meine nicht dich«, erwiderte sie rasch. »Vor zwanzig Jahren war er so Mitte vierzig, also so alt, ich meine so jung wie du heute«, haspelte sie herunter.

»Sonst noch jemand, vor dem ich mich vorsehen muss?«

»Nun ja, wenn du auf Tante Isabella stößt … also, das ist meine Patentante … dann kümmere dich nicht darum, was sie sagt. Sie übertreibt immer maßlos. Wenn sie dir zum Beispiel sagen würde, dass du ein paar Pfund abnehmen musst, dann lass die Worte einfach links ins Ohr rein und rechts wieder raus.«

»Warum sollte sie sagen, dass ich abnehmen muss? Mein BMI ist perfekt«, meinte er obenhin, doch sie hörte genau eine gewisse Gereiztheit heraus.

Aber da sie nun schon dabei war, konnte sie auch alle Karten offen auf den Tisch legen. »Dann gibt es noch Amélie, meine Cousine. Sie ist die Tochter von Onkel Simon und wirklich nett. Wir verstehen uns gut.« Das stimmte. Wenn Amélie dabei war, schliefen sie und Isabella immer in Isabellas Bett und lagen vor dem Schlafen die halbe Nacht wach, weil sie sich so viel zu erzählen hatten. »Leider hat sie einen Bruder. Pierre«, fuhr sie fort. »Er ist ein Idiot. Mehr gibt es über ihn nicht zu sagen.«

»Haben wir bald alle durch? Also die französische Seite?«, erkundigte er sich ironisch.

»Sicher. Es gibt sogar noch eine weitere nette Person. Das ist meine Großmutter, also von Vaters Seite, denn die Eltern meiner Mutter leben beide nicht mehr. Also meine Großmutter

Geneviève ist mittlerweile vierundneunzig. Sie ist wirklich sehr süß, … wenn auch ein wenig senil«, setzte sie, der Wahrheit verpflichtet, hinzu. »Aber keine Angst. Obwohl …«, sie hielt inne. »Wahrscheinlich bist du ja am Samstag schon längst über alle Berge.«

»Oder ich bin einfach nur bei mir zu Hause und erhole mich von den Strapazen unserer Heirat. Jedenfalls hast du mich richtig neugierig auf die Bagage gemacht, und ich komme doch mal kurz vorbei, wenn ich darf.«

»Du solltest wissen, dass du uns immer willkommen bist«, antwortete Isabella ein wenig erschöpft. »Aber wenn ich dir einen Rat geben kann, nutze die Stunden zur Entspannung. Meine Familie liebe ich wirklich, aber sie können dermaßen anstrengen, dass es dir das Blut aus deinen Adern saugt.«

»Das klingt doch wirklich mächtig … nun sagen wir … anregend. Ich bin schon echt gespannt, von den Qualitäten der anderen Seite deiner Familie zu hören.«

»Meine Großeltern mütterlicherseits stammten aus Deutschland, und diesen Familienzweig sehen wir natürlich oft. Von ihnen erzähle ich dir ein andermal. Für heute reicht's. Und dir auch, glaub mir. Ich bin froh, dass morgen nichts Großes vorgesehen ist. Ich fürchte, dazu werden wir viel zu abgekämpft sein.« Allerdings fürchtete sie nur für sich selbst, denn Vincenzo besaß die Konstitution eines Ochsen. »Dann findet noch eine große Feier in zwei Wochen statt, dann kommen die Nachbarn und Freunde, schließlich werde ich nur einmal vierzig. Ab jetzt werde ich mir keinen Zwang mehr antun und auf den Tischen tanzen, wenn mir danach ist, oder völlig Fremde küssen, so wie dich bei der Hochzeitszeremonie.« Geschockt hielt sie inne. Musste sie ihn wirklich daran erinnern?

Er grinste. »Du irrst, da hab ich die Initiative ergriffen.«

»Da wurden wir dazu gezwungen«, stellte sie richtig. »Egal. Mit vierzig ist man wirklich frei«, philosophierte sie. »Ich find's gut.«

»Warst du denn in den Jahren davor so eingesperrt in deinen Adelsgesetzen?«

Wieder bemerkte sie den spöttischen Unterton. »So was Altertümliches gibt es nicht in meiner Familie – wenn man einmal Amélie außer Acht lässt, die Schwester meiner Großmutter. Wenn es nach ihr ginge, würden wir alle nach dem spanischen Hofzeremoniell unser Dasein fristen.«

»Ich habe keine Ahnung, was das beinhaltet.«

»Dann hast du auch nichts verpasst«, zischte Isabella. »Alles überkommener Kokolores. Und dass Tante Elena so ein blödes Testament aufgesetzt hat, passt im Grunde gar nicht zu ihr. Sie war eigentlich ganz modern. Nun, ja. Wie du weißt, ist der Rest meiner Familie jedenfalls ganz normal. Sieh mich an.«

»So, so.«

»Nix da so, so«, entgegnete sie mit ihrer lautesten Stimme. »Auch ich bin völlig normal.«

»Was es zu beweisen gilt.«

»Übrigens«, versuchte sie, dem Gespräch eine andere Wendung zu geben, »wie sieht denn jetzt unsere Arbeit aus?«

»Morgen hast du erst einmal frei, da ist dein Geburtstag. Und danach werden wir uns zusammensetzen und überlegen, was anliegt. Wie du weißt, hab ich mich noch nicht von allem getrennt. Die Hotels können wir allerdings abhaken – außer natürlich das meiner Mutter. Aber dafür hab ich bereits einen guten Manager eingestellt. Wenn du Lust hättest, könntest du dort als Hotelsekretärin arbeiten.« Er hielt inne. »Wir werden sehen.«

Isabella schluckte. Hotelsekretärin war sicher nicht ganz schlecht, aber in den letzten drei Monaten hatte ihre Arbeit doch interessanter ausgesehen. »Zum gleichen Gehalt?«, konnte sie sich nicht zurückhalten, zu fragen, schließlich war der Hauptgrund ihrer Arbeit, Geld zu verdienen.

»Logisch. Jedenfalls kann ich dich beruhigen, dieser Job wäre nicht strapaziöser als unsere vergangenen Geschäftsreisen.«

Aber hierbei würde ich dich auch nicht zu sehen bekommen, hätte sie beinahe gesagt. Aus einem seltsamen Grund gab ihr seine leicht hingeworfene Antwort einen Stich. Wie schade. Sie hatte ihn schätzen gelernt. Und … sich vielleicht auch ein kleines bisschen in ihn verliebt. Sie war soeben ihre zweite Ehe eingegangen, überhastet wie die vorige und damit ebenso zum Scheitern verurteilt. Aus reiner Übermüdung kamen ihr plötzlich die Tränen.

»Ich fand sie weniger strapaziös als vielmehr aufregend«, antwortete sie mit brüchiger Stimme. Dass sie ihn bald kaum noch zu Gesicht bekäme, schien ihn überhaupt nicht zu stören. Jetzt nur nicht heulen, das wäre ja zu peinlich. Er könnte sich Gedanken machen, die völlig unpassend wären. Aber wahrscheinlich legte sie viel zu viel Gewicht in diese Sache. »Das klingt doch ganz gut. Und dass wir uns dann nicht mehr so oft sehen werden, macht auch nichts. Liebe ist bei uns ja nun wirklich nicht im Spiel.«

»Wie bei deiner ersten Ehe?«

»Ach, bei meiner ersten Ehe«, sagte sie vage. »Damals dachte ich natürlich, dass ich meinen Mann liebte. Aber wir beide heirateten wohl nur aus jugendlichem Trotz heraus. Es hat nicht unsere Herzen gebrochen, als wir uns trennten.«

Sie verfielen wieder in Schweigen.

»Also täusche ich mich, oder ist unsere Heirat für dich nicht so ...«, ihr fehlten die Worte, »nicht so unangenehm, wie ich mir das vorgestellt habe?«

»Wenn es das gewesen wäre, hätten wir diesen Flug nach Gretna Green gar nicht erst unternommen«, erwiderte er nach einer winzigen Pause.

»Logisch«, antwortete sie.

Sie erreichten Limone, und einige Minuten später fuhren sie in den Hof der Limonaia. »Wenn du magst, kannst du einen Moment warten, bis ich die Sachen gepackt habe. Vielleicht ist es für dich einfacher, hinter mir herzufahren, denn wie du gesehen hast, sind die Straßen doch ein wenig glatt.«

»Das wäre nett«, entgegnete sie. Sie war ganz froh über sein Angebot, denn sie fühlte sich plötzlich furchtbar müde.

Als sie in seiner Wohnung auf ihn wartete, trank sie hastig von dem Wasser, das er ihr reichte.

»Entschuldige mich kurz«, sagte er, als er mit der Reisetasche zurückkehrte. »Ich will rasch meinen Sohn Paolo anrufen und ihn informieren, dass sich in meinem Leben kurzfristig etwas ändert. Irgendwie habe ich das Gefühl, dass ich ihm das schulde – selbst, wenn es nur für eine begrenzte Zeit ist.«

»Aber sicher«, erwiderte sie überrascht. Auch daran hatte sie nicht gedacht. »Warum lädst du ihn nicht gleich ein, um mit uns heute Abend gemeinsam zu … zu feiern.«

»Weil er nicht hier ist, sondern in Salzburg. Er absolviert dort ein Musikstudium.«

Seine Exfrau erwähnte er nicht, und sie war froh darüber.

Es dauerte eine geraume Viertelstunde, bis er wieder erschien. »So, alles erledigt«, sagte er nur. Dann verließen sie die Stätte ihres Wirkens, stiegen jeder in sein Auto und machten sich auf den Rückweg.

Isabella erinnerte sich, dass er nur selten über seine gescheiterte Ehe gesprochen hatte. Seine Ex und ihr gemeinsamer Sohn schienen die Niederlage, wie er das Scheitern seiner Ehe nannte, recht gut überstanden zu haben. Wie er selbst dies für sich sah, vermochte Isabella nicht einzuschätzen, dazu kannte sie ihn noch nicht gut genug. Doch schien auch er den alten Zeiten nicht länger hinterher zu trauern. Zu seinem Sohn Paolo hatte er ein herzliches Verhältnis, wie Isabella erleichtert feststellen konnte. Er war sehr stolz auf ihn und sein musikalisches Talent.

»Ich bin sicher, das hat er von meiner Familie geerbt. Mein Vater war ein leidenschaftlicher Fiedler, und alle meine Geschwister beherrschen mindestens ein Instrument. Mit Ausnahme von mir«, gestand er mit einem lächelnden Seitenblick. »Dafür kann ich recht gut singen. Als kleiner Bub hab ich mit meinem Ave Maria Weihnachten in der Kirche sämtliche Mütter zum Weinen gebracht.«

»Da bin ich sicher.« Isabella konnte sich ein Lächeln nicht verkneifen. Wie leicht es ihm fiel, jeden Hinweis auf eine Unfähigkeit mit der Erwähnung eines positiven Charakterzugs wieder wettzumachen. Wobei es selten vorkam, dass er eine Schwäche zugab. Sie lauschte ihm nur allzu gern. Seine Stimme hatte diesen Wohlklang, der eine Frau erweichen konnte, wer wüsste es nicht besser als sie. War es erst gestern, dass er sie gebeten hatte, zurückzukommen? Und seine Augen waren ausnehmend schön, und um seine langen Wimpern könnte ihn noch jetzt jede Frau beneiden.

14

In Riva angekommen, zog Vincenzo sofort ins obere Gästezimmer, das Chiara und Elisa vorbereitet hatten. »Leider kann ich dir nicht das bequemere Zimmer mit dem Bad unten im Turm anbieten, das ist noch von John okkupiert«, sagte Isabella mit gezwungenem Lächeln, als sie ihn nach oben begleitete, schwerer atmend als sonst, als sie vor ihm her die Treppe hinaufstieg.

»Leider musst du dir das Bad mit mir teilen. Ich bin früh auf, sodass du in Ruhe ausschlafen kannst«, sagte sie hastig, öffnete die Tür zum Schlafzimmer, durch das er das Bad erreichen konnte. Sie würde ohnehin keine Ruhe haben und so früh aufstehen, dass keine Gefahr bestand, sie schlafend mit offenem Mund und wirrem Haar vorzufinden.

Seine schönen braunen Augen leuchteten im Schein der Flurlampe beinahe schwarz. »*Capisco*. Keine Sorge, Isabella, ich bin in einem kinderreichen Haushalt groß geworden, ich weiß mich zu arrangieren«, sagte er mit einem breiten Lächeln.

»Ich könnte auch das Bad meiner Eltern …«

Er legte ihr eine Hand auf die Schulter, und Isabella wurde es noch eine Spur heißer.

»Isabella! Entspann dich«, befahl er leise und mit einer zärtlichen Stimme, die er dann und wann im Repertoire hatte, wie sie mit einem Anflug von ungewohnter Eifersucht auf ihren Reisen bemerkt hatte, wenn sie einer besonders schönen Frau begegnet waren.

Sie seufzte tief. Nicht zum ersten Mal war sie froh, dass sie über ein eigenes Bad verfügen konnte. Er hatte mit keinem Wort angemerkt, wie bescheiden, wenn auch neu, die Installationen bei ihnen waren. Wie sie gesehen hatte, war sein Bad auf das Modernste eingerichtet, da konnten sie hier einfach nicht mithalten.

Er setzte sich vorsichtig auf das Bett. Es krachte nicht zusammen, wie er wahrscheinlich erwartet hatte.

»Die Matratze ist noch ganz neu«, bemerkte sie hastig, froh, dass sie den Rat von Elisa angenommen hatte, keine zu weiche Matratze zu kaufen. »Ich habe sie für meine Geburtstagsgäste gekauft, deshalb hat sie bisher noch niemand benutzt. Und Papa hat das Bett mit einem Pfosten verstärkt«, fügte sie zur Sicherheit hinzu.

»Gut«, war die wortkarge Antwort, doch entging ihr nicht, dass er sich nur mit Mühe ein Grinsen verkniff.

»Essen gibt es diesmal erst um neun.«

»Ich weiß.«

Sie nickte. »Also dann.« Mit diesen Worten ging sie hinunter in ihr Schlafzimmer. Aufatmend sank sie auf ihr riesiges Bett und verschränkte die Arme hinter dem Kopf. Das war geschafft. Sie war verheiratet. Mit ihrem Chef. Und sie war sehr wahrscheinlich die einzige Braut weit und breit, die so früh wie möglich ihre Scheidung in Angriff nehmen würde. Eigentlich schade, dass sie vorher die Ehe nicht wirklich vollziehen würden. Ihr Ehemann ruhte nur ein Stockwerk über ihr und er hatte keine Zeichen gegeben, dass er die köstlichen Vorteile der Ehe, wenn auch nur für kurze Zeit, mit ihr zu genießen trachtete. Aber das war in Zeiten der Internet-Partnerbörsen vielleicht verständlich. Er benötigte sie nicht. Heute wuchsen einem schließlich die Trauben – in der Regel sogar unentgeltlich – in den Mund, egal in welchem Beziehungsstatus man sich befand.

Normalerweise um acht, heute jedoch erst um neun, war es Zeit für das *Cena*, das üppige Abendessen, das sonntags stets Thibault zubereitete – mit kompletten drei Gängen und einem besonderen Wein. Sie begaben sich alle ins Esszimmer, wo sie sich jeden Abend zum Speisen trafen. Es wurde beschlossen, eine kleine häusliche Feier zu veranstalten, zu der jedoch John nicht erscheinen würde – man hatte ihn schlicht nicht eingeladen.

Der Abend wurde dann noch ein voller Erfolg. Tatsächlich war Isabella auf dem Bett kurz eingeschlafen, nachdem sie das Fenster verschlossen hatte, als es draußen stark zu stürmen begann, doch danach fühlte sie sich so gestärkt, sie hätte Bäume ausreißen können. Alles war gut. Das Haus war gerettet, und Vincenzo hatte sich fantastisch mit seiner neuen Situation arrangiert.

Zumindest schien er sich an dem Abend so gut zu amüsieren, dass ihnen allen die Stunden wie im Flug vergingen.

John wurde nicht mehr gesehen, und so waren alle beisammen, die Isabella liebte. Selbst Paula war zugegen. Sie musste nicht mehr zurück nach Madonna zu ihrem Skikurs, sondern konnte in Ruhe mit ihnen feiern. Eine Woche zuvor hatte sie sich den Fuß angeknackst, sodass sie krankgeschrieben war – worüber sie jedoch nicht in Tränen ausbrach. Sie hatte ohnehin entschieden, dass sie die Kurse Ende dieses Winters ganz aufgeben würde.

»Man wird nicht jünger. Außerdem hab ich einfach Sehnsucht nach euch«, fügte sie hinzu. Die Entscheidung war nicht schwer gefallen, nach jahrelangem Teilen einer sehr spartanischen, kaum geheizten Unterkunft mit einer anderen Skilehrerin. Alle freuten sich über ihren Entschluss.

Um halb zwölf war Vincenzo hinauf in sein Zimmer gestiegen und hatte dann ein, in rotes Geschenkpapier gewickeltes Päckchen auf die Anrichte im Wohnzimmer, wo sie vor dem Kamin saßen und sich unterhielten, zu den anderen Geschenken gelegt.

Um zwölf Uhr gratulierten Isabella alle herzlich. Zum Schluss kam Vincenzo an die Reihe. »Signora Collani, darf ich dir herzlich zu deinem Geburtstag gratulieren?«

Sie erkannte sofort, dass er es selbst eingepackt hatte und das steigerte noch ihre Freude. Außerdem strahlten seine Augen so unbefangen und herzlich, dass es ihr warm ums Herz wurde. »Dass du daran in all dem Durcheinander gedacht hast.«

Er grinste. »Als ich es kaufte, herrschte kein Durcheinander. Da war ich noch ein freier Mann, und alles ging seinen geregelten Gang.«

Sie nahm das Geschenk in die Hand und versuchte zu erraten, worum es sich handelte. Für einen Bildband stimmte die Größe, nicht jedoch das Gewicht. Für eine Schallplatte war es zu dick. Er wusste, dass sie diese Vinylplatten immer noch kaufte. Zu Weihnachten hatte ihr Vater sich sehr über die Musiktruhe gefreut, während sie für sich selbst einen modernen Plattenspieler erstand, den sie gern neben dem CD-Player nutzte, denn nicht alles war auf Vinyl erhältlich, und außerdem genoss sie natürlich auch die Vorzüge moderner Abspielgeräte.

»Und natürlich habe ich an diesen besonderen Tag gedacht. Eine so tüchtige Kraft, wie du es bist – wer würde deren Geburtstag vergessen. Und dazu noch so ein denkwürdiger«, fügte er mit einem charmanten Lächeln hinzu.

Sie machte sich daran, das Geschenk auszupacken und als sie erkannte, worum es sich handelte, durchzuckte sie die Freude wie ein plötzlicher Sonnenstrahl.

»Oh«, stieß sie hervor. Er war sehr viel aufmerksamer als angenommen. Dass er für sie aber in Paris genau jenes reizende Bild in dem Antiquitätengeschäft erwarb, das sie so gern erstanden hätte, das sich für sie jedoch als unerschwinglich herausgestellt hatte, ließ ihr Herz jubilieren. Es handelte sich um ein Ölgemälde mit einer Ansicht vom Paris des achtzehnten Jahrhunderts, gerahmt in einem prächtigen Rokokorahmen. Darum hatte er sie also ins Café vorgeschickt und sie sich schon ein wenig geärgert, dass er sie loswerden wollte, wie es ganz offensichtlich schien.

Sie spürte, wie ihre Augen zu brennen begannen. »Ich danke dir ganz herzlich. Das ist wirklich eine große Freude. Dass du überhaupt bemerkt hast, wie gut es mir gefallen hat«, brachte sie schließlich mühsam hervor.

»Ich hätte blind sein müssen, angesichts deiner Augen, die leuchteten, als stündest du vor den Toren vom Paradies. Es ist schön, dass ich dir damit eine Freude machen kann.«

»Oh ja, das hast du wirklich. Vielen lieben Dank. Ich weiß auch schon, wo es stehen wird. Auf meinem Schreibtisch«, sagte sie lächelnd. »Ich besitze eine Ministaffelei. Darauf stelle ich alle meine neu erstandenen Postkarten aus. Du musst wissen, ich sammele alte Weihnachts- und Winteransichtskarten aus Skandinavien und dort hab ich sie dann immer im Blick.«

»Dann weiß ich ja, was man dir als Nächstes schenken kann.«

Die entstandene Stille wurde durch Chiaras Händeklatschen unterbrochen. Sie stand auf. »Kinder, ein Uhr, Zeit für mich. Schlaft euch alle gut aus.« Dann wandte sie sich an ihren nagelneuen, in Kürze geschiedenen Schwiegersohn: »Lieber Vincenzo, vergiss nicht, das Bild im Flur. Es gehört dir, und wir meinten es ernst, dass du es erhalten sollst als Dank für deine Hilfe.«

Vincenzo antwortete nicht sofort. »Ich möchte euch alle nochmals darüber informieren, dass Segantinis Bilder auf den letzten Auktionen hohe Preise erzielten«, sagte er dann mit heiserer Stimme. »Und außerdem, … ich hätte es auch ohne dieses wertvolle Bild getan«, fügte er in Isabellas Richtung hinzu.

Isabella schnappte nach Luft. Himmel noch mal, wie gern würde sie ihren Mann jetzt küssen. Aber das ging ja nicht. Er war schließlich nur ein Ehemann auf dem Papier und vielleicht schon in ein paar Tagen ihr Geschiedener.

»Die paar tausend Euro werden wir auch noch verwinden«, antwortete Thibault nonchalant.

»Nun, wir reden hier von einer möglicherweise siebenstelligen Zahl bei seinen Gemälden in dieser Größe, wie ich heute Abend feststellte«, verdeutlichte Vincenzo.

»Das heißt, wir reden hier von über einer Million?«, warf Isabella perplex ein.

»Preciso.«

In Isabellas Ohren begann es zu rauschen.

An ihren Wänden hing ein Schatz, der möglicherweise über eine Million Euro einbrachte?

Somit hätte sie sich das ganze Theater mit Hochzeit und Ringwechsel womöglich sparen und John das geerbte Haus einfach abkaufen können, wenn er damit einverstanden gewesen wäre. Wenn sie nur daran dachte, wie sie Vincenzo angefleht hatte, sie zu heiraten, betrunken bis in die Haarspitzen, wurde ihr schlagartig übel. Aber wie sie John kannte, wäre der nie und nimmer auf ihr Angebot eingegangen – und sei es nur, um sie und ihre Familie zu ärgern. Außerdem hatten sie bis jetzt auch gar nicht den Wert erkannt. Egal. Das Haus war gerettet, alles war gut.

»Trotzdem – wir de Saint-Martin halten immer unser Wort«, vernahm sie nach einer atemlosen Pause die Stimme ihres Vaters, die nur eine Nuance tiefer war als gewöhnlich.

Sie wischte sich über die feuchte Stirn. »Ganz recht. Du bekommst das Bild wie versprochen.«

»Ich habe euch gewarnt.«

»Wirst du es verkaufen?«

»Vielleicht. Ich weiß noch nicht«, antwortete Vincenzo achselzuckend.

Isabella und Vincenzo verabschiedeten sich von den anderen, und mit weichen Knien stieg Isabella vor ihm die Stufen hoch. Sie konnte sich kaum auf den Beinen halten. Die letzten vierundzwanzig Stunden waren allesamt sehr aufregend gewesen, gekrönt jetzt noch von dem Schock mit dem Segantini.

Vor ihrer Tür zum Schlafzimmer blieb sie stehen. »Gute Nacht, Vincenzo. Ich danke dir nochmals und …« Sie stockte, als sich seine Arme um sie legten.

»Genug gedankt«, raunte er in ihr Ohr. »Bitte lass mich dich einfach küssen, schließlich sind wir verheiratet.« Und das tat er dann, ohne ihre

Antwort abzuwarten – nicht brüderlich, nicht herzhaft, sondern sehr sinnlich.

»Schlaf gut, Isabella Collani. Und vergiss nicht, du hast Geburtstag, und der heutige Tag ist frei. Es wird nicht gearbeitet.«

»Danke«, gab sie wie eine aufgezogene Spieluhr von sich. Doch dann, ehe ihr frisch gebackener Ehemann und Chef verschwand, gab sie einem Reflex nach – und es konnte sich nur um einen solchen handeln –, ergriff seine stilvolle Krawatte und zog ihn resolut hinter sich her. Hinein in ihr Schlafzimmer. In diesem Moment war sie froh, dass sie noch nicht wie sonst immer die kleine Tischlampe am Fenster angemacht hatte. So würde er ihre heißen Wangen nicht sehen können. Höchstens fühlen, verbesserte sie sich insgeheim, denn sie glühte stärker als die heißeste Glühbirne aus der guten alten Zeit. »Bitte entschuldige, dass ich dich so frisch von der Leber weg kapere, aber ich kann nicht anders«, flüsterte sie, zu allem bereit. Und diesmal war der Alkohol nicht schuld an dieser unbesonnenen Tat.

»Du sollst dich nicht immer rechtfertigen. Ich genieße dein Entern mit Beglückung, da ich vorher zu feige zu diesem Schritt war«, antwortete er präzise, und ehe sie recht begriff, was er von sich gegeben hatte, verschloss er ihren Mund mit einem weiteren Kuss. Er gab der Schlafzimmertür einen Tritt und sie fiel mit einem satten Laut in die Angeln. Diese wunderbaren Türen aus dem vorvorigen Jahrhundert waren beileibe kein Sperrholz, sondern aus guter, bei Vollmond im Winter gefällter Eiche gefertigt. Kein Laut drang nach außen. Und vom Seeufer her war nur das beruhigende Plätschern des Wassers zu vernehmen.

Isabella seufzte unbewusst. Und dann tat ihr Chef das, was ein Chef zu tun pflegt: Er übernahm zu ihrer Freude das Ruder, entkleidete sie gekonnt und hemmungslos und entführte sie in Höhen, die unbedingt zu einer Hochzeitsnacht gehörten, ganz egal, ob man diese schon vorher hatte kennen lernen dürfen oder nicht.

Isabella hatte nur einen Gedanken, bevor sie ins Paradies starteten. Diese drei Worte waren so oft abgespult worden, dass sie sie beinahe nicht mehr hören oder denken konnte, doch zu diesem Augenblick passten sie einfach perfekt: Alles ist gut.

15

Sie erwachte am frühen Morgen bereits gegen sieben Uhr, von irgendeinem Geräusch aufgeweckt. Schon in der Nacht hatte es im Gästezimmer so gepoltert, dass sie erschrocken zusammengefahren war. Wahrscheinlich war Vincenzo über irgendeinen Hocker gestolpert. Kein Wunder, auch für ihn waren die letzten vierundzwanzig Stunden kein Zuckerschlecken gewesen, von den letzten zwei Stunden in ihrem Bett einmal abgesehen. Danach hatten ihm eigentlich nur noch die Beine gezittert, so wie ihr.

Einen Moment blieb sie lächelnd liegen. Was für ein herrliches Gefühl: Im eigenen Haus wohl verwahrt, mit Liebe verwöhnt, sogar von ihrem eigenen Mann. Alles war bestens, wie wundervoll, wie erregend sich das anfühlte.

Nach ihrem Liebesspiel hatte er sie allein gelassen. Sie wachte kurz auf, als er aufstand.

»Schlaf ruhig weiter. So bekommen wir noch eine Mütze Schlaf«, murmelte er mit einem zärtlichen Lächeln. Was sie nur zu gut verstand, denn ihr Bett war nur eins sechzig breit – zu klein zum Schlafen für sie beide – mit Ausnahme fürs Liebesspiel, wie sich herausgestellt hatte.

Sie warf die Decke zurück und trat an jenes Fenster, welches zum Haupteingang mit der Auffahrt wies. Sie öffnete es. Auch hier war keine Isolierverglasung vorgenommen, was niemanden störte, selbst wenn man dann und wann das Geräusch eines Autos oder Motorrades spät nachts vernahm. Sie alle liebten die antiken, mundgeblasenen Fensterscheiben aus so genanntem Zylinderglas mit seiner horizontal als auch vertikal welligen Oberfläche, mit den vereinzelten kleinen Bläschen darin, das so herrlich schimmerte, je nachdem, wie das Licht darauf schien.

Der Schnee war über Nacht verschwunden, und die zusammengekehrten Haufen rannen in kleinen Bächen zur Straße. Der Himmel war wolkenlos, doch die beißende Kälte war einer Brise gewichen, die ihr Gesicht lediglich angenehm kühlte.

Sie wollte sich gerade ins Bad begeben, da hörte sie die schwere Haustür zufallen, eine jener Türen, die man unmöglich leise schließen konnte, was jedoch alle in Kauf nahmen, denn auch diese geschnitzte Eichentür war wie alle anderen bereits zweihundert Jahre alt und wurde liebevoll von Chiara gepflegt.

Erstaunt beugte Isabella sich weit aus dem Fenster, verwundert, wer zu dieser frühen Stunde das Haus verließ. Elisa ging nur Brot kaufen, wenn sie selbst nicht zum Backen kam, doch Isabella wusste, dass der Brotschrank wohl gefüllt war.

Und dann erkannte sie die Person, die energischen Schrittes auf das Auto in der Einfahrt zueilte. Ihr stockte der Atem, als sie sah, was er unter dem Arm hielt. Nein, es war nicht seine Reisetasche, konstatierte sie eher verblüfft als verärgert. Ihr lieber Gatte hatte es eilig sie zu verlassen, kaum dass er sie mit Erotik ergötzt hatte. Aber was er unter dem Arm hielt, provisorisch unter einer Wolldecke versteckt, ließ darauf schließen, dass er nicht vorhatte, heute Morgen noch einmal bei ihr zu erscheinen. Und offensichtlich war es ihm egal, was sie dachten, wenn er zur frühen Morgenstunde – ohne Frühstück, wie sie vermutete – auf leisen Sohlen desertierte – mit dem Gemälde im Gepäck.

Warum diese Heimlichkeit? Denn um eine solche handelte es sich, wenn man um kurz nach sieben nach einer heißen Hochzeitsnacht aus dem Bett flüchtete. Nun ja, Nacht war zu viel gesagt. Es war Viertel vor vier, als er sie verließ, wie sie mit verhangenen Augen auf der Wanduhr hatte erkennen können.

Was hatte er vor mit dem Bild? Es gehörte ihm doch, und er musste es nicht von hier fortschaffen wie ein Dieb. Und hatte, was immer er beabsichtigte, nicht Zeit bis nach dem Frühstück?

Ihre Stimmung, eben noch auf dem Höhepunkt, purzelte tief in den Keller. Tja, so waren sie die Männer, dachte sie verdrießlich. Das war noch untertrieben – sie war stinksauer. Je länger sie dem Wagen nachsah, umso fuchsiger wurde sie. Somit waren seine Worte nur so dahergeplappert: dass er sich in sie verliebt habe, kaum dass sie sein Büro betreten hätte, dass sie die Scheidung erst einmal auf Eis legen sollten und so weiter und so fort.

Sie wollte sich gerade abwenden, da bemerkte sie, dass auch John sich aufgemacht hatte, ihr Heim, das seinem nimmersatten Schlund in letzter Sekunde entglitten war, zu verlassen. Jedenfalls fehlte sein Auto, und es war nicht anzunehmen, dass er sich zu dieser frühen Morgenstunde zum Angeln aufgemacht hatte.

Sie ging ins Bad und ließ sich Wasser in die Wanne laufen, denn heute Morgen hatte sie ja genügend Muße dazu, da ihr Chef ihr freigegeben hatte – wahrscheinlich, um das Gemälde so schnell wie möglich zu verscherbeln.

Als sie unter der duftenden Schaumdecke Entspannung suchte, gab sie sich alle Mühe, ihre missmutigen Gedanken unter Kontrolle zu bekommen. Ihm gehörte das Gemälde, er konnte damit machen, was er wollte. Und sie sollte sich stattdessen weiterhin an dem Gedanken erfreuen, dass sie und ihre Lieben ein Dach über dem Kopf hatten, das ihnen so rasch niemand entwenden würde – es sei denn, sie konnten die Mittel nicht aufbringen, es am Zerfall zu hindern, was aber vorerst nicht drohte. Und sollte ihr Chef ihr eine Arbeit als Hotelsekretärin andrehen wollen, würde sie freudigen Herzens annehmen. So!

Gegen acht ging sie in die Küche. Eine eiserne Regel besagte, dass zu dieser Zeit niemand brisante Themen auf den Tisch brachte. Wer schlechte Laune hatte, musste den Mund halten. Morgenmuffel hatten sich hinter der Zeitung zu verstecken. Wer etwas mitzuteilen hatte, tat dies, jedoch galt dies allein für Unverfängliches, Angenehmes. Ansonsten wurde das Radio mit dem Klassiksender oder Lokalsender eingeschaltet, und man lauschte den beschwingten Tönen oder ließ sie an sich vorüberrauschen.

Diese Regeln hatten bereits die Großeltern festgesetzt, und irgendwann verinnerlichten sie alle Hausbewohner, ohne es zu bemerken.

Ihre Lieben saßen bereits am Küchentisch, hielten sich heute jedoch nicht an diese Hausordnung – Thibault lesend, Paula schweigend frühstückend und Chiara und Elisa munter zwitschernd –, im Gegenteil, diesmal schienen sie in heller Aufruhr.

»Hast du gesehen? Das Bild ist weg«, sprach Chiara das aus, was Isabella bereits wusste, ohne sich aufzuhalten, ihre Tochter wie üblich am Geburtstagsmorgen zu umarmen und zu küssen und mit nochmals ausführlichen Glückwünschen zu überhäufen.

»Ja.« Isabella setzte sich an ihren Platz und nahm eine Scheibe des duftenden Körnerbrotes, das Elisa frisch gebacken hatte. Diesmal erfreute sie nicht einmal der hübsche Blumenkranz, den Chiara ihr wie jedes Jahr zum Geburtstag um den Teller gelegt hatte, dazu eine schöne neue Kerze, nur für sie allein, wie sie es seit vierzig Jahren gehalten hatte.

Mit hektischer Bewegung ergriff Isabella das Messer und strich gesalzene Butter aufs Brot. Dann gab sie einen Klecks Marmelade hinzu und nahm einen großen Bissen. Sie schluckte, und im Gegensatz zu sonst schmeckte ihr Lieblingsessen an diesem strahlenden Geburtstagsmorgen als würgte sie eine Kröte hinunter. »Und ich weiß auch schon, wer sich daran vergriffen hat«, sagte sie mit dunkler Stimme.

»John natürlich«, brummte Thibault.

Isabella schüttelte stumm den Kopf und trank vom Milchkaffee, den ihr ihre Mutter schweigend eingegossen hatte.

»Es war mein Göttergatte.«

»Vincenzo? Unsinn«, protestierte Chiara und stellte die Kaffeekanne mit vernehmlichem Knall auf die Schieferplatte, die ihr ein Verehrer in ihrer Jugend eigenständig zurechtgehämmert und die sie aus einem unerfindlichen Grund über die Jahre gerettet hatte. Und Thibault würde sich hüten, sie fallen zu lassen, wie es ihm augenscheinlich manches Mal in den Sinn gekommen war. Denn das würde er nicht überleben, hatte Chiara ihm bereits zu Beginn ihrer Ehe eingebläut. Thibault wusste, wann er den Mund und seine Hände unter Kontrolle zu halten hatte und unterwarf sich klaglos, wie so oft in seiner Ehe – was ihm nur gut bekam, befand Chiara, wobei sie wie immer recht hatte.

»Ich hab jedenfalls gesehen, wie er sich um sieben mit dem Bild unterm Arm auf den Weg zum Auto gemacht hat und dann abgehauen ist.«

»Hast du es denn genau erkannt von deinem Zimmer aus? Ich meine, es könnte ja sonst was gewesen sein«, protestierte Chiara mit großen, traurigen Augen.

»Sicher, vielleicht war es auch eine Schallplatte.«
»Na, siehst du«, piepste Elisa.
Paulas Blick wanderte zur Zimmerdecke, während Isabellas die sanfte Elisa durchbohrte, deren Naivität einen manchmal verzweifeln ließ. »Genau. Eine Langspielplatte von einem Meter mal siebzig Zentimeter«, giftete sie.
Betretenes Schweigen.
»Aber eigentlich gehört es ihm ja auch, er war also im Recht.«
Isabella machte keinen Hehl daraus, dass sie ihrer Mutter am liebsten einen Kanten Brot an den Kopf geworfen hätte. »Seine Ehefrau am Morgen danach einfach so ohne Abschied zu verlassen, gehört sich jedenfalls nicht.«
»Was für einen Morgen danach?«, fragte Elisa einfältig, wie nur sie dann und wann fragen konnte.
»Nach der gemeinsamen Nacht, du dumme Nuss«, fuhr Paula sie an.
»Ach so.«
»Du hast mit ihm geschlafen?« Chiaras traurige Augen wurden groß wie die Becher, aus denen die Familie ihren Kaffee trank. Chiara, die Teeliebhaberin, bevorzugte die zarten chinesischen Tassen, auf deren Grund eine Geisha zu sehen war mit ihrem kunstvollen Kopfschmuck.
»Nein, sie haben gemeinsam im Bett Monopoly gespielt«, meldete sich Thibault zu Wort. »Hast du nicht um vier die Tür gehört? Ich bin fast aus dem Bett gefallen, er war ja so laut wie ein Trampeltier.«

»Ach, macht doch bitte keine Witze.« Isabella hatte Mühe, die Tränen zurückzuhalten. Tatsache war, sie hatte sich in ihren Mann verliebt, doch der hatte bei nächster Gelegenheit das Haus verlassen. Ohne sie. Allerdings, schränkte sie ein, auch ohne seine Reisetasche. Kein Problem. Die konnte sie ihm morgen ins Büro mitbringen. Ach ja, und das Smartphone. Das hatte er nämlich in der Nacht bei ihr auf dem Nachttisch liegen gelassen. Und dort hatte sie es heute Morgen noch aufgefunden. Und nein, dieses würde sie nicht verschwinden lassen. Sie würde es noch nicht einmal durchforsten; sie war doch keine Wiederholungstäterin.

Ungewohnt schweigend beendeten sie das Frühstück. Dass John das Haus endgültig verlassen hatte, stellten sie fest, als sie danach in das Gästezimmer im Turm gingen.

»Die Ratten verließen das sinkende Schiff«, gab Paula später düster von sich.

»Also bitte!« Chiara blickte sie strafend an. »Bei Vincenzo kann man wirklich noch nicht von einer Ratte reden.«

»Zudem hat Vincenzo noch nicht ganz den Kahn verlassen, seine Sachen liegen schließlich noch in seinem Zimmer«, verteidigte ihn Thibault, der ihn von Anfang an gemocht hatte.

»Mit Betonung auf noch«, brummte Isabella. Sie verstand die Welt nicht mehr. Da hatte der geliebte Göttergatte zwei eindeutig aufregende Stunden mit ihr verbracht – und dann nahm er die Beine in die Hand, um das einzig Wertvolle fortzuschaffen, damit es nur ja kein anderer tat. Ach, Männer waren doch alle gleich. Wenn er zurückkehrte, würde sie ihm jedenfalls die kalte Schulter zeigen und am liebsten kündigen, aber auch das ging ja nicht, sie brauchte das Geld schließlich. Außerdem befand sich die Arbeitsstätte in der Nähe ihres Hauses, was hier in der Region keine Selbstverständlichkeit war.

16

Den Tag verbrachten sie alle getrennt voneinander, ganz so, als benötigten sie Ruhe. Ruhe von der Familie, Ruhe von den Angriffen des Universums, Ruhe vor dem Sturm. Denn der trat auf, gerade als sie sich um fünf zu ihrem Nachmittagstee zusammensetzten. Eines einte sie alle fünf: Mochte die Welt einstürzen – auf geregelte Mahlzeiten wurde in diesem Hause nicht verzichtet. Das, was dann aber passierte, verschlug ihnen allerdings doch für einen Moment den Appetit.

»Ich hab übrigens den Wert des Bildes im Internet recherchiert«, teilte Isabella ihnen mit. Sie schaffte es einfach nicht, diese Nachricht für sich zu behalten. Sonst erstickte sie daran. »Ein ähnliches Sujet in der gleichen Größe wie unseres, also das von Vincenzo«, verbesserte sie sich, »hat auf der letzten Auktion bei Sotheby's einskommafünf Millionen eingebracht.«

»Putain de merde«, entschlüpfte es Thibault mit heiserer Stimme, was ihm einen missbilligenden Blick Chiaras einbrachte.

Isabella verschlug es ebenfalls den Atem. Zu diesem Ausdruck ließ sich ihr Vater nur in den seltensten Fällen hinreißen, zumeist dann, wenn Touristen von der Seeseite aus ihr Grundstück betraten. »Verdammter Mist, genau«, nickte sie dennoch. »Da kann man halt nix machen.«

Alle schauten stumm vor sich hin.

»Ein de Saint-Martin steht eben zu seinem Wort.«

Isabella legte ihrem Vater den Arm um die Schulter. »Na ja, das war eben der Preis«, verdeutlichte sie mit hoher Stimme.

»Wir haben dank deiner Hilfe und der von Vincenzo das Haus behalten können, vergesst das nicht«, mahnte Chiara.

»Du hast recht, Mama.«

Das war nur der erste Schlag, der sie treffen sollte. Dampfender Kaffee und Tee war soeben in die Tassen gefüllt, da ging die Türklingel. Da niemand wie gewöhnlich gleich danach das Haus betrat, konnte es sich nur um einen Fremden handeln. Isabella ging an die Haustür und öffnete. Als sie zwei Polizisten davor stehen sah, erschrak sie. »Ja, bitte?«, fragte sie mit banger Stimme.

»Sind Sie eine Angehörige von John Hanson?«

»Ja«, antwortete Isabella. Dass etwas Schlimmes passiert war, erkannte sie sofort. Nicht Vincenzo. Gott sei Dank. »Bitte kommen Sie doch herein.«

Sie führte die beiden Männer in die Küche. »Möchten Sie etwas trinken?«, fragte sie, noch bevor ihre Eltern etwas sagen konnten. Eigentlich tat sie es nur, um die offensichtliche Katastrophe, die die beiden im Gepäck hatten, hinauszuzögern.

»Nein, danke. Wir … haben leider nicht so viel Zeit«, antwortete der Ältere der beiden, der seine Kappe in seinen Händen drehte.

Beide Männer schienen verlegen, und Isabella war erfüllt von dunklen Ahnungen.

»Wir sind gekommen, weil wir Ihnen die traurige Nachricht überbringen müssen, dass Signor John Hanson bei einem Verkehrsunfall ums Leben gekommen ist.«

Geschockt schwiegen alle. »Wir fanden in seiner Geldbörse Ihre Adresse, die im Falle eines Unglücks zu benachrichtigenden Verwandten.«

»Ja, ja, das sind wir«, sagte mit erstickter Stimme Chiara.

Auch Isabella kamen die Tränen. Sie goss Wasser aus dem Krug, der stets gefüllt auf dem Tisch stand, in ein Glas und trank, während sie dem monotonen Bericht der Polizei lauschten. »Er hatte keine Chance. Ein Falschfahrer raste ihm auf der Autobahn frontal ins Auto. Er starb noch am Unfallort. In seinem Gepäck fanden wir übrigens ein Gemälde, das vollständig zerstört wurde. Seine persönlichen Sachen können Sie im Laufe der nächsten Tage bei der Polizeistelle abholen«, endete er seinen Bericht.

»Einskommafünf Millionen im Eimer«, murmelte Paula, als die Polizisten sich verabschiedet hatten.

Chiara blickte sie strafend an. »Ein Mensch ist umgekommen, und wenn wir ihn auch nicht sonderlich mochten, so sollte man doch ein wenig Respekt zeigen«, sagte sie mit scharfer Stimme.

»Entschuldige, ist mir nur so rausgerutscht.«

Irgendwann später, als ihnen klar wurde, dass also tatsächlich sie die einzigen Verwandten waren und damit feststand, dass sie für die Beerdigung sorgen mussten, stellte Chiara die Frage, die Isabella ebenfalls auf der Seele lag: »Jetzt frag ich mich aber allen Ernstes, warum Vincenzo, der ja nicht auf den Kopf gefallen ist, John das Bild verkauft hat.«

»Keine Ahnung«, antwortete Isabella mit dumpfer Stimme. Das hatte sie sich seit dem Besuch der Polizisten bereits ununterbrochen gefragt. »Ist ja auch egal. Jedenfalls hat er das Geld.«

»Es könnte auch sein, dass John ihm das Bild geklaut hat«, gab Paula zu bedenken.

»Kinder, hört auf. Ich muss euch etwas sagen«, mischte sich Thibault, der auffallend still geworden war, ins Gespräch. »Ich ... Es ist nicht so einfach, ... aber es könnte noch eine dritte Möglichkeit bestehen.«

»Ja, und?«, forderte Chiara ihn ungeduldig zum Reden auf, als er innehielt. Manchmal strapazierte Thibault ihre Geduld aufs Äußerste, besonders in kniffligen Situationen wie gerade.

Thibault räusperte sich. »Es ist jetzt so«, begann er umständlich. »Bei dem Bild, das Vincenzo heute Morgen ja wohl laut Isabella mitgenommen hat, und jenem, welches bei John gefunden wurde, handelt es sich möglicherweise um zwei verschiedene Bilder.«

Nichts war daraufhin zu hören als das Ticken der Wanduhr, deren besonders harter Anschlag sich jetzt wie der Trommelschlag in einem Film anhörte, bevor dem Delinquenten der Kopf abgeschlagen wurde.

»Wie bitte?«, brachte Chiara schließlich fassungslos hervor.

Isabella stöhnte innerlich. Kein Ende dieses entsetzlichen Tages in Sicht. Langsam reichte es ihr.

»Es könnte folgender Fall eingetreten sein«, sagte Thibault. »Vater sprach früher irgendwann einmal mit mir über diese Angelegenheit.«

Chiara kniff die Augen zusammen und knetete ungeduldig die Hände. »Welche Angelegenheit? Aber egal, sprich weiter!«

»Er bat mich einige Zeit vor seinem Tod, eine Reproduktion vom Gemälde zu machen, nach den zahlreichen Diebstählen in jener Zeit. Als ich das Bild fertig hatte, ließ er es mich gegen das Original im Flur austauschen und sagte, er habe das ideale Versteck für das Original gefunden. Wir wurden aber durch irgendetwas abgelenkt und kamen nicht mehr auf unser Gespräch zurück. So vergaß ich die ganze Sache und habe nie von ihm erfahren, wo er das Original versteckte. Ich nehme stark an, dass es sich bei dem Bild in Johns Wagen um die Reproduktion handelt – die im Übrigen sehr gut ist. Ihr habt jedenfalls nie einen Unterschied bemerkt«, fügte er leise hinzu.

»Meinst du eine Fälschung oder meinst du eine Reproduktion, also hast du das Bild mit deiner Unterschrift versehen?« Chiaras Stimme war so kühl, dass es Isabella eiskalt über den Rücken lief.

»Was fragst du mich das jetzt? Du bist doch jahrelang an dem Bild vorbeigelaufen, ohne einen Unterschied zum Original zu bemerken«, kam die ungewohnt gereizte Antwort Thibaults.

»Mit der Signatur Giovanni Segantinis, vorne auf dem Bild?« Chiara ließ sich nicht beirren.

Er nickte stumm.

»Du hast demnach keine Reproduktion, sondern eine Fälschung angefertigt. Eine Unterschrift nachzumalen ist in meinen Augen eine Fälschung. Ich fasse es nicht.«

Niemand wagte, Thibault anzuschauen, dem es allmählich zu bunt wurde. »Was redest du denn da für einen ausgemachten Blödsinn?«, fuhr er seine stets beherrschte Ehefrau und Gutsherrin an, der man adelige Geburt eher abgenommen hätte als ihm.

»Ich habe euch doch eben zu erklären versucht, dass es der Wunsch deines Vaters an mich war, diese Kopie oder Reproduktion, nenne es wie du willst, anzufertigen. Wäre es nach mir gegangen, so hinge sie noch immer an ihrem Platz im Flur und kein Mensch würde sich fragen, ob es sich hier um eine Kopie, Reproduktion oder Fälschung handelt. Jedenfalls kann ich nur betonen, dass weder bei deinem Vater noch bei mir eine Täuschungsabsicht vorlag – und es sich in meinem Ermessen dabei mithin nicht um eine Fälschung handelt. Ich hätte nie gedacht, dass sich diese Frage überhaupt einmal stellt. Aber ihr musstet Vincenzo ja unbedingt mit diesem Bild ködern, als hier am Wochenende alles auf dem

Spiel stand. Hätte ich mich da widersetzen sollen?«

Wieder schwiegen alle, insgeheim mussten sie Thibault ja recht geben, und Isabella war froh, dass Chiara keine weitere Bemerkung machte. Sie ahnte, wie ihre Mutter sich fühlte. Sie selbst schämte sich ja auch. Mochte auch keine böse Absicht dahinterstecken, so hatten sie in ihren Augen Vincenzo eine Fälschung angedreht! Auch wenn es nicht in betrügerischer Absicht war – eine Unterschrift nachzumalen war in ihren Augen nicht korrekt!

Thibault goss sich Schnaps in sein Fuhrmannsglas. »Dein Vater wusste, dass das Gemälde das einzig Wertvolle im Haus ist. Und dass du es besonders geliebt hast. Er bat mich um eine Reproduktion oder Kopie ... es ist so lange her ... und ich habe mir nicht viel dabei gedacht, als ich die Unterschrift nachmachte. Ich weiß nicht, was mich damals geritten hat, auch die Unterschrift zu kopieren. Deinem Vater ist das gar nicht bewusst gewesen ... und mir auch nicht«, schickte er leise hinterher. »Es tut mir leid. Ich ... ich dachte ...«

Isabella hielt den Atem an und bemerkte, dass Elisa kurz davor stand zu weinen.

»Es besteht also immer noch die Wahrscheinlichkeit, dass Vincenzo das Original fand und John sich mit der Kopie verdünnisierte«, fuhr er stockend fort.

»Wenn Vincenzo mit dem Original weg ist, was wir doch hoffen wollen, so war das sein gutes Recht«, sagte Chiara. Ihre Stimme hatte alle Härte verloren, doch die Brüchigkeit darin bereitete Isabella noch mehr Kummer.

»Sein Abgang ist trotzdem mir gegenüber … ungehörig gewesen«, erwiderte Isabella wütend, stand auf und öffnete das Fenster zum See. Wobei ungehörig die Untertreibung des Jahres war, befand sie.

»Wieso das denn?«, fragte Chiara erstaunt.

»Weil … weil wir uns in der Nacht näher gekommen sind, und … und weil es die Höflichkeit gebietet, dass man sich nicht danach bei Tag und Tau, ohne Adieu zu sagen, mit einem wertvollen Gemälde unterm Arm auf die Socken macht.«

Isabella ließ sich wieder auf den Stuhl fallen. Sie fühlte sich wie eine Greisin nach dem Hausputz eines dreistöckigen Landhauses. »Er ist einfach ein …«, Idiot hatte sie sagen wollen, doch dann hielt sie inne, denn plötzlich öffnete sich die Küchentür.

Niemand hatte das Zufallen der Eingangstür gehört, und so fuhren sie alle erschrocken zusammen, als Vincenzo plötzlich im Raum stand. »Ciao a tutti.«

Totenstille, niemand war in der Lage, zu antworten. Nur Paula murmelte: »Wenn man vom Teufel spricht …«

»Ciao, Vincenzo«, erwiderte Chiara als Erste schwach seinen Gruß. Isabellas Hände verkrampften sich ineinander. Die anderen nickten ihm stumm zu.

»Also, habt ihr es schon gemerkt?«

»Was?«, fragte Isabella hart. Ihre Augen waren nur mehr Schlitze, und mit ihrer gefurchten Stirn und den zusammengepressten Lippen wirkte sie jetzt kein Jahr jünger als vierzig.

Vincenzo blickte sie verblüfft an, dann wandte er den Blick ab. »Dass der Segantini verschwunden ist.«

»Ja, und wir wissen sogar schon, wer ihn mitgenommen hat«, brachte sie kalt hervor. Am liebsten wäre sie hinauf in ihr Zimmer gerannt und hätte geweint. Doch dazu war noch Zeit genug. Jetzt musste diese Angelegenheit geklärt werden – wenn es überhaupt möglich war.

Vincenzos kantiges Gesicht verhärtete sich, und mit schmalen Lippen verkündete er: »Ich hab den Segantini nicht gestohlen.«

»Nein, er hat dir ja auch bereits gehört.« Isabella wunderte sich, dass sie nicht auf der Stelle zusammenbrach. »Aber dass du dafür in den frühen Morgenstunden das Haus verlassen musstest, wundert mich, du hattest doch unser Wort und hättest zumindest noch vorher in aller Ruhe frühstücken können, ehe du ihn verscherbelst. Das Bild wurde jedenfalls bei John gefunden.«

»Ja, stimmt, ich habe das Bild an mich genommen. Jedoch nicht das aus dem Flur«, erwiderte Vincenzo, kalt wie die Brise, die vom See herüber in die Küche wehte, in der eine Spannung herrschte wie selten. »Wie du gestern Nacht selbst bemerkt hast, hatten wir starken Wind. Als ich dich verlassen hab, ist mir oben die Tür aus der Hand geglitten. Als sie zuschlug, fiel etwas auf den

Fußboden mit einer der Kassetten, die sich dabei aus der Füllung löste. Es handelte sich um das gleiche Segantini-Gemälde wie das in eurem Flur. Wieso das verschwunden ist, wie ich gerade erst bemerkte, weiß ich nicht. Jedenfalls hab ich dieses nicht an mich genommen. Aber ich nahm das Bild aus der Tür heute Früh mit, um die Echtheit testen zu lassen. Ich hab einen alten Freund in Verona, der das für mich machen wird. Und da man das nicht mal so eben zwischen Tür und Angel bewerkstelligen kann, ich aber eine rasche Bestätigung der Echtheit erhalten wollte, bin ich so früh los.«

»Warum hast du uns nicht zuerst gefragt?«

Zum ersten Mal bemerkte Isabella so etwas wie Unsicherheit bei ihrem Ehemann-auf-dem-Papier. »Ich … wollte euch nicht in Verlegenheit bringen«, sagte er.

»Du hattest also Angst, wir hätten dich betrügen wollen?«, zischte Isabella.

Er antwortete nicht sofort. »Ich wollte zuerst Sicherheit. Und wie ich vermutete, so ist dieses Bild aus der Tür das Original.«

Alle im Zimmer atmeten auf, außer Isabella. Sie war nur entsetzt, wütend und traurig – alles auf einmal. »John hat das Bild vom Flur gestohlen und ist bei einem Autounfall ums Leben gekommen. Und mit ihm ist das Bild zerstört. Das nur zu deiner Information. Jetzt meine Frage: Wenn John die Kopie nicht gestohlen hätte oder wenn das Bild nicht völlig zerstört worden wäre – hättest du uns dann verraten, dass du das

Original hast mitgehen lassen? Du hättest die wertlose Kopie prüfen lassen und hättest Ansprüche an uns stellen können, wie abgemacht.«

Vincenzo erstarrte. »Mein herzliches Beileid zum Tod eures Verwandten«, sagte er zu Chiara und Thibault. Dann wandte er den Kopf und fixierte Isabella.

»Also: Hättest du uns verraten, dass du das Original gefunden hast? Wovon du ausgehen konntest, als du es in der Tür fandest«, wiederholte sie.

»Hättet *ihr* mir verraten, dass das Bild im Flur nur eine Kopie ist?«, kam wie aus der Pistole geschossen die Gegenfrage.

Totenstille.

»Und nur zu *deiner* Information: Wenn ich das Bild von oben behalte, ist es zumindest kein Diebstahl, denn es gehört mir ja rechtlich, schließlich ist auch ein mündlicher Vertrag ein Vertrag.« Seine Stimme klang so, wie zuletzt in Brasilien, als er einen Partner eines Fünfsternehotels, dessen Mitinhaber er war, des Betrugs überführte. »Und nein, ich hätte es euch auf jeden Fall wiedergegeben. Das wird jetzt auch der Fall sein, allerdings ein paar Minuten dauern, denn mein Freund ist mit dem Gemälde noch auf dem Weg hierher. Aber dass ich es zurückgegeben hätte, kann ich natürlich nicht beweisen, das kannst du mir jetzt nur glauben, geliebte Gattin«, spöttelte er.

Sie sprang vom Stuhl auf. Am liebsten hätte sie ihn wegen seiner Mischung aus Ironie und

Verachtung geohrfeigt. Wie konnte sie nur so dumm gewesen sein, ausgerechnet ihn als ihren Pro-Forma-Ehemann auszuwählen. »Ich verlange auf der Stelle die Scheidung.«

»Nicht nötig, denn unsere Heirat müsste ohnehin erst noch in Italien für rechtskräftig erklärt werden«, erwiderte er eisig.

Sie fiel beinahe in Ohnmacht und hielt sich zur Sicherheit an der Küchentischkante fest. »Was, wenn John von dieser winzigen Einschränkung gewusst hätte?«

»Dazu war er, entschuldigt, viel zu beschränkt.«

»Und warum hast du mich nicht vorher aufgeklärt?«

Er zögerte nur eine winzige Sekunde. »Du warst so aufgeregt, ich wollte dich nicht noch mehr beunruhigen.«

»Du hast es also darauf ankommen lassen. Ganz schön riskant, findest du nicht?«

»Riskant nur für dich.«

Sie fixierten sich stumm, und Isabella wunderte sich, dass sie diesen eiskalten Mann vor wenigen Stunden mit heftiger Leidenschaft geliebt hatte – und das nicht nur körperlich.

Im selben Moment ging die Türklingel. Also ein Fremder, denn Freunde und Bekannte klopften an und betraten dann in der Regel einfach das offene Haus. Isabella eilte zur Tür, froh der Küche für einen Moment entfliehen zu können.

»Guten Tag. Ich bin Federico Baldessa. Ich hätte gern Herrn Collani gesprochen«, sagte der

Fremde, ein kleiner, rundlicher Herr Mitte fünfzig mit rundem Gesicht und runder Brille, mit Brillengläsern, die ihn als extrem kurzsichtig auszeichneten.

»Grüß dich, Federico.« Vincenzo war Isabella gefolgt, wie sie erst jetzt merkte. Ihr standen sämtliche Haare zu Berge, als sie seinen Atem in ihrem Nacken spürte. Hilfe suchend umklammerte ihre Hand die Türklinke.

Signor Baldessa sah verlegen von ihr zu Vincenzo. »Hier ist das Bild«, sagte er mit weicher Stimme und reichte es Vincenzo, der vorgetreten war.

»Danke, Federico. Wir sehen uns gleich bei mir. Fahr schon voraus, ich komme in ein paar Minuten nach.«

Signor Baldessa verbeugte sich vor Isabella. »Dann also, arrivederci.«

»Auf Wiedersehen«, erwiderte sie dessen Gruß, der sich sogleich umdrehte und zu seinem Auto eilte.

»Ciao, bis gleich.« Vincenzos Stimme klang völlig normal, registrierte Isabella, was sie noch mehr ärgerte.

Schweigend gingen sie zurück in die Küche.

»Hier ist also euer Original. Ein ähnliches gleicher Größe hat letztens bei Christie's einskommafünf Millionen gebracht, das nur zu eurer Information.« Vincenzo stellte es neben die Tür. »Und nun, Isabella, mach damit, was du willst. Die Ehe besteht nicht, da sie hier noch nicht anerkannt wurde. Also, bind dir das Gemälde auf den Bauch. Ich möchte es nicht. Mein Geld reicht mir. Habe die Ehre.« Mit diesen Worten verschwand Vincenzo nach draußen.

Sie hatten sich kaum von dem Schock erholt, besonders Isabella, die im Begriff war, nach oben in ihr Zimmer zu stürzen, da hörten sie erneut das gewohnte Klopfen an der Haustür. Kurz darauf trat ihr Nachbar zu ihnen in die Küche.

Pietro, der Vater von Antonia, grüßte, blieb jedoch verlegen in der Tür stehen. »Es tut mir leid, aber bei uns ist ein Malheur passiert.«

»Ciao, Pietro. Komm doch rein und setz dich«, bat Thibault.

Pietro trat zögernd an den Küchentisch, streckte die Hand aus und reichte ihnen einen Umschlag.

Isabella nahm es entgegen. »Ein Luftpostbrief. Von Tante Elenas Notar«, brachte sie erschrocken hervor. Alle blickten sich alarmiert an. Besonders Chiaras Gesicht war totenblass, und Isabella machte sich größte Sorgen um ihre Mutter, deren seelische Zartheit nur selten zutage trat.

»Sei so gut und mach ihn auf«, bat Chiara mit brüchiger Stimme.

Isabella schüttelte den Kopf. »Später.« Einladend wies sie auf den Stuhl. »Pietro, möchtest du einen Kaffee oder einen Schnaps?«

Er setzte sich. »Ein Schnaps könnte jetzt nicht schaden.«

Isabella ging zum Kühlschrank und kam mit dem exquisiten Haselnussschnaps, einem Hausbrand eines befreundeten Ehepaares aus Canale di Tenno, zurück. Dazu stellte sie sechs Schnapsgläser. Thibault goss allen ein. Selbst Elisa, die selten Hochprozentiges trank, sagte nicht Nein.

»Die Mutter hat ihn angenommen und dann verlegt. Er ist bereits irgendwann in der vorigen Woche bei uns abgegeben worden, weil bei euch keiner war. Rudolfo …«, Rudolfo war der Postbote, ein trockener Alkoholiker, der seine Sucht jedoch dank seines Berufes überwunden hatte, den alle seit Generationen kannten und mochten »… hat ihn der Mutter gegeben, und die hat sich erst jetzt daran erinnert. Es tut mir wirklich leid, das hätte nicht passieren dürfen.«

Sie plauderten eine Weile, und nicht nur Isabella saß wie auf heißen Kohlen. Aber im Beisein des Nachbarn wollte sie den Brief nicht öffnen, wer wusste, was darin zutage kam. Pietro schien die Spannung zu spüren und verabschiedete sich früher als gewöhnlich.

Erst als er sie verlassen hatte, öffnete sie das unauffällige Schreiben. Tante Elena hatte nie telefoniert. Bei ihr ging alles über die gute alte Briefpost. Aber der hier war vom Notar, schließlich war die Tante bereits seit längerer Zeit tot.

»Mach bitte schnell, ich bin so gespannt«, stöhnte Chiara.

Thibault, der neben ihr auf der Bank saß, nahm ihre Hand, doch sie schüttelte sie ab. »Beruhige dich, jetzt kann eigentlich nichts Schlimmeres mehr geschehen.«

Isabella öffnete den Brief, der sich als Elenas Testament herausstellte. »Mich wundert, dass er erst jetzt schreibt. Tante Elena ist doch schon seit einigen Wochen tot.«

»Übersetze, ich bitte dich«, befahl Chiara. Sie war totenbleich, ergriff jetzt doch die Hand ihres Mannes und knetete sie. Thibault ertrug den Schmerz geduldig.

»Er entschuldigt sich. Er war lange Zeit krank und seine Vertretung hat wohl geschlafen.« Dann nahm sie das Testament mit einem Datum vom vorigen Jahr und entfaltete es.

Liebe Chiara, liebe Isabella, Ihr Lieben!, las sie. *Es ist spät, aber zum Glück noch nicht zu spät. Wenn ihr den Brief bekommt, lebe ich nicht mehr. Aber ehe ich es wieder vergesse oder nicht mehr in der Lage sein werde, es richtigzustellen, möchte ich hiermit erklären, dass Isabella das Haus erben wird, egal, ob sie mit vierzig verheiratet ist oder nicht. Ich weiß nicht, welcher Teufel mich geritten hat, dieser Zusatz vor vielen Jahren war natürlich Unsinn. Egal, ob sie nun verheiratet ist oder unverheiratet und lieber kinderlos bleiben will – das Haus soll ihr mit allem Inventar gehören, so wie Chiara es gewollt hat. Liebe Chiara, ich fand und finde es gut, dass du die Erbschaft ausgeschlagen hast und das Haus in Isabellas Hände legst. Ich grüße euch zum letzten Mal in Liebe – eure Elena.*

Geschockt blickten sich alle der Reihe nach an.

»Das klingt wie eine Commedia dell'arte«, unterbrach Thibault das Schweigen und fuhr sich mit der Hand durch sein Haar. Elisa hatte die

Hände vor den Mund geschlagen, Paula schüttelte die ganze Zeit den Kopf.

Isabella konnte nicht denken, noch irgendetwas fühlen. »Eine perfekte italienische Stegreifkomödie, so ist es«, stöhnte sie schließlich. »Das nimmt uns doch kein Mensch ab. Wenn ich es nicht selbst erlebt hätte, würde ich es nicht glauben.«

»Also war Elena doch nicht so ein Schwachkopf«, bemerkte Thibault.

»Elena war nie ein Schwachkopf. Sie war ein wenig versponnen, dann und wann, aber zum Glück kam sie ja zum Schluss noch zu Verstand«, verteidigte Chiara ihre Schwester.

»Das hat uns aber auch nicht gerettet. Schuld sind eigentlich vor allem unsere Nachbarn«, entgegnete Isabella dumpf. »Hätte die Oma nicht den Brief verlegt, dann wäre ich heute nicht verheiratet ...«

»Bist du doch auch nicht, jedenfalls nicht in echt«, stellte Paula richtig, die selten den Kopf verlor und seit Stunden bedauerte, dass die Jahreszeit noch zu früh war, um hinaus in den Garten zu fliehen und dort in der Erde zu buddeln oder den Rasen zu mähen. Zu viel Gefühlsduselei ging ihr auf die Nerven.

»Dann wäre John vielleicht noch am Leben, dann wäre ich frei gewesen und hätte nicht das Theater mit Vincenzo gehabt.«

»Habt ihr eigentlich einmal bedacht, dass ihr womöglich die Erben von John seid?«, kam die gelassene Frage von Paula.

Erneutes Schweigen. »Liebe Paula, das soll uns jetzt erst einmal nicht interessieren. Damit werden wir warten, bis John beigesetzt ist«, antwortete Chiara mit strenger Stimme. »Aber hätten wir Vincenzo nicht danken müssen, dass er uns das Durcheinander mit dem Bild und der Kopie verziehen und uns das Original zurückgegeben hat? Gott, wie peinlich das Ganze ist«, seufzte Chiara. »Tu mir so was nie wieder an«, murmelte sie in Richtung Thibault.

»Nie wieder. Ich schwöre«, sagte dieser mit feierlicher Stimme.

»Wobei Thibault ihn ja noch gar nicht darum gebeten hat, ihm zu verzeihen«, stellte Paula, diejenige mit dem klarsten Kopf, klar. Und dann verzog sich ihr Gesicht zu einem Grinsen.

Isabella betrachtete sie konsterniert. Kein Zweifel – sie war von lauter Spinnern umgeben.

Da legte Paula plötzlich den Kopf in den Nacken und lachte. Und lachte, dass die Erde bebte. Elisa fiel mit ihrer hohen Stimme ein. Und dann lachten sie alle zusammen. Selbst Isabella musste irgendwann kichern und später hätte sie nicht entscheiden können, ob es Lachtränen oder echte Tränen aus Kummer waren, die ihr über die Wangen kullerten. Und dann öffneten sie die teuerste Flasche Wein und tranken sie, später jene Weine aus dem Keller, die nicht ganz so edel waren. Und dann aßen sie und tranken weiter.

Am späten Abend ging es Isabella ein wenig besser. Die Sache mit Vincenzo würde sie morgen regeln. Sie würde sich entschuldigen und sie würde nicht die Fassung verlieren, wenn er ihr kündigte – womit sie rechnete. Aber vielleicht könnte sie als Sekretärin in dem netten Hotel seiner Mutter tätig werden. Denn seine Mutter war ihr sehr sympathisch, was auf Gegenseitigkeit beruhte, wie sie immer wieder feststellen durfte bei den Besuchen, die seine resolute Mama ihm hin und wieder abgestattet hatte. Sie würde dafür sorgen, ihm möglichst nicht über den Weg zu laufen, und irgendwann war die Angelegenheit mit dem Bild, dem unseligen Testament und vor allem die Hochzeit ja vielleicht vergessen. Und sie würde sich erkundigen, wie und wo sie sich schnellstens wieder scheiden lassen konnte, der wichtigste Punkt überhaupt. Sicher war sicher, denn irgendwie konnte sie nicht glauben, dass sie diese Scheidung nicht benötigte, schließlich war die Trauung in Gretna Green für Italien als rechtskräftig bestätigt worden.

17

Vincenzo hingegen konnte dem Ganzen entgegen seiner anfänglichen Abenteuerlust mittlerweile keinen Funken Vergnügen mehr abgewinnen. Während er zurück nach Limone fuhr – in einem Altherren-Tempo, das er sich auferlegt hatte, nachdem er letztens nach einer Auseinandersetzung mit einem Geschäftspartner nur mit großem Glück einem katastrophalen Unfall entgangen war –, durchzuckten ihn böse Ahnungen und Horrorszenarien.

Es machte ihn fertig. Fix und fertig. So ein verdammter Mist! Er hatte alles vermasselt. Wenn man einmal davon absah, dass an der ganzen Chose natürlich die Familie Von-und-zu Schuld hatte.

Nun war er offiziell verheiratet. Mit Eisenketten an diese Verrückte gebunden! Wie er nach einem Rückruf von Constanza, der Assistentin seines Anwalts, erfahren hatte, war entgegen ihrer ersten Auskunft die in Gretna Green geschlossene Ehe in Italien nach internationalem Recht rechtskräftig, da biss die Maus keinen Faden ab!

Somit stand ihm also zu allem auch noch eine weitere komplette Scheidung ins Haus. Sein Anwalt war leider momentan nicht zu erreichen – er segelte auf irgendeinem der Weltmeere, und das noch volle vier Wochen. Auf die Auskunft von Constanza konnte er sich verlassen. Sie hatte er unverfroren vor zwei Jahren abzuwerben versucht, doch sie hatte ihm eine kühle Abfuhr erteilt, weil sie blöderweise in ihren Chef verliebt war.

Und wenn Isabella, die Gute, es verstand, dürfte sie bei einer Scheidung möglicherweise auch noch an seinem Vermögen teilhaben. Gut, als so ein Biest schätzte er sie nicht ein, aber wusste man es? Schließlich war ihr Vater, den er einerseits mochte, auch nicht ganz koscher, wie er ja hatte feststellen dürfen. Nein, eine betrügerische Absicht unterstellte er ihm nicht. Abgesehen davon, dass er keine Ahnung hatte, ob es sich in diesem Fall tatsächlich um eine Fälschung handelte, wenn man die Unterschrift mit kopierte. Aber wusste man es? Der Apfel fiel nun mal nicht weit vom Stamm.

Zu dumm nur, dass er sich nicht entscheiden konnte, ob er diese Scheidung wirklich wollte oder nicht. Fest stand hingegen: Er hatte sich in das Biest verliebt, auch wenn momentan die Wut vorherrschte. Himmel noch mal, sie regte ihn auf, sie machte ihn rasend, aber sie war auch das hinreißendste Geschöpf, das er kannte – an ihren guten Tagen! Was also tun? Sollte er sie über die Gültigkeit der Heirat informieren? Oder sollte er den Mund halten? Wohl besser nicht, denn wie er sie kannte, würde sie sich in ihrem Starrsinn dennoch scheiden lassen wollen, auch wenn die

Ehe ihres Wissens nicht rechtskräftig war. Und dann würde sie merken, dass er sie angeschwindelt hatte und ihm Probleme außerordentlicher Natur bereiten. Denn Feuer loderte in ihr, das ausbrach, ehe man sich versah.

Also würde er in den sauren Apfel beißen und sie informieren.

Doch als Erstes würde er ihr kündigen. Er mochte sie – lieben, dieses Wort kam ihm nicht mehr über die Lippen. Aber ja, er mochte sie sehr und sie harmonierten – zumindest im Bett. Und wenn er ehrlich war, auch in ihrer gemeinsamen Arbeit. Selbst unliebsame Zwischenfälle brachten sie nicht aus der Ruhe. Während er bei diversen Streiks rund um die Flugreisen die Stewardessen am liebsten an ihren Halstüchern über die Theke ziehen wollte, um ihnen das Ende des Streiks aus der Uniform zu schütteln, blieb Isabella cool und ergatterte mit ihrem Charme selbst dann noch das letzte Bett in einer einigermaßen gepflegten Unterkunft, wenn sämtliche Weiterflüge gestrichen worden und die Hotels entsprechend übervoll waren.

Trotzdem: Er musste ihr kündigen! Er brauchte jetzt Ruhe. Ruhe vor ihr. Am besten wäre es, er würde morgen in aller Frühe die Koffer packen und dann in die Karibik düsen.

Als er in den Hof seines Elternhauses einbog, stand sein Plan fest. Er verbrachte somit nur eine knappe Stunde noch mit seinem Freund Federico und dankte ihm zum hundertsten Mal für die rasche Prüfung des Gemäldes. Dann ging er in sein Büro, öffnete das Fenster, tat ein paar tiefe Atemzüge und setzte sich an den PC. Doch schon nach fünf Minuten gab er auf. Tippen gehörte nicht zu seinen Stärken. Er griff zum schönen Kolben-Füller, den sein Vater ihm zu seiner ersten Million überlassen hatte, und begann:

Sehr geehrte Signora de Saint-Martin!
Hiermit kündige ich Ihnen mit sofortiger Wirkung!
Ich wünsche Ihnen für Ihren weiteren beruflichen Werdegang viel Erfolg.
Hochachtungsvoll
Vincenzo Collani

Voller Befriedigung las er die wenigen Worte. Perfekt. Dann ergriff er schwungvoll ein weiteres Blatt seines teuren Büttenpapiers.

Liebe Isabella!
Nach einem anfänglichen Irrtum der Assistentin meines Anwalts teilte diese mir heute Abend mit, dass unsere in Gretna Green vollzogene Hochzeit in Italien tatsächlich rechtskräftig ist, wir uns demnach auch einer rechtskräftigen Scheidung unterziehen müssen. Tut mir leid, aber es war nicht mein Fehler.

Ich werde in den nächsten Wochen nicht zu erreichen sein. Aber ich habe mit meiner Mutter vereinbart, dass du dich bei ihr als Hotelsekretärin bewerben kannst – und ihr geraten, dich

probeweise einzustellen. Wenn ich zurück bin, setze ich mich mit dir wegen unserer Scheidung in Verbindung.
Vincenzo

Dann trat ein Glücksfall ein, der ihn ausgesprochen beruhigte. Sein älterer Bruder Angelo fuhr noch heute Abend nach Riva zu seiner Freundin. Ihm gab er die beiden Briefe mit und bat ihn, sie bei der Familie de Saint-Martin abzugeben. So musste sich Isabella morgen nicht zu ihm ins Büro aufmachen, und er entkam einer möglichen Tränenflut, obgleich sie tatsächlich nicht nah am Wasser gebaut war.

Er ging an den Kühlschrank, goss sich voller Erleichterung eiskalten, weißen Lugana mit dem frischen Geschmack der regionalen Trebbiana-Trauben ein und nahm einen großen Schluck. Gerade im Begriff, sich mit dem Glas in der einen und mit einem Stück Bergkäse in der anderen Hand in seinen gemütlichen Sessel zu werfen, hörte er die Flurtür aufgehen. Er stöhnte innerlich, als er die Stimme seiner Mutter vernahm, die natürlich einen Wohnungsschlüssel besaß.

»Vince? Bist du zu Hause?«

»Nein, Mama, was willst du?«, rief er genervt, vor allem, als er die zweite Stimme erkannte: die eines seiner alten Schulfreunde, Salvatore, im Schlepptau seiner Mutter.

Er rollte mit den Augen und wollte aufstehen, da stürzten beide bereits ins Wohnzimmer – und ihm wurde klar, was Salvatores Besuch, den sie im Übrigen bereits vor Wochen vereinbart hatten, bedeutete. Salvatore Silvestrin war der Chefredakteur des lokalen Fernsehsenders und sehr erfolgreich.

Maria sah sich verwundert um. »Vince, gut, dass wir dich endlich antreffen. Aber wo hast du denn deine Frau gelassen? Ihr kanntet doch den Termin. Es wäre nämlich jetzt wirklich wichtig, dass sie an unserem Gespräch teilnimmt, nicht wahr, Salvatore?«

»Wir haben unseren letzten Plan ein wenig aufgebessert. Der Boss hat schon zugestimmt, und somit steht der Ausführung nichts im Wege.«

Alarmiert blickte Vincenzo zu seinem Freund hoch, der ihm heftig auf die Schultern geklopft hatte, sodass beinahe der Wein im Glas überschwappte, als er dessen begeisterter Rede zuhörte.

»Und du, Schatz, hast zum Glück ja jetzt für diesen famosen Plan auch ausreichend Zeit, ebenso wie deine nette Isabella, denn wir haben eine Miniserie dafür geplant. Wo steckt denn deine süße Frau, wenn man fragen darf?«

Sie ist nicht meine Frau, wollte Vincenzo antworten, doch die Worte blieben ihm im Halse stecken. Seine Mutter war eine sehr dominante Frau und Salvatore ein Mann der Tat und noch eine Spur zäher als er, wenn es um das Erreichen eines hoffnungsvollen Zieles ging.

Salvatore und seine Mutter setzten sich gemütlich auf das riesige Sofa. »Hättest du auch einen Wein für uns?«, fragte Salvatore.

»Bleib sitzen, ich hol schon die Gläser«, entschied Maria. Sie war eine große, kräftige Frau, der man auf den ersten Blick abnahm, dass sie in der Lage war, ihre sieben Kinder erfolgreich durch die wichtigsten Jahre des Lebens zu begleiten, und ihnen des Weiteren dann und wann mit gefragtem und ungefragtem Rat zur Seite zu stehen. Mit ihren achtundsechzig Jahren und den schlohweißen, welligen Haaren, die ihr offen auf die breiten Schultern fielen und ihrem schönen Gesicht schmeichelten, verströmte sie immer noch eine Energie und Autorität, die eine komplette, überfüllte Grundschulklasse ohne größere Mühe zum begeisterten Lernen hätte animieren können.

»Vincenzo, ich kam heute pünktlich zu unserem Termin hierher. Da du noch nicht da warst, hat Maria mich freundlicherweise zu sich eingeladen, und so kam es, dass wir über unser neues Projekt sprachen. Und ihre Idee, dabei mitzumachen, ist phänomenal.«

Vincenzo stöhnte innerlich. Er kannte seine Mutter und ahnte, was da auf ihn zukommen würde. »Salvatore, ehe du weitersprichst, lass mich kurz telefonieren.«

Salvatore nickte und trank von dem kühlen Weißwein, den Maria ihm und sich eingeschenkt hatte.

»Mama, hol uns noch eine Flasche, du weißt, wo er steht. Und bitte auch noch von dem Käse und dem Weißbrot«, bat Vincenzo seine Mutter. Dann stand er auf und ging zum Telefon.

Hektisch wählte er die Nummer seines Bruders. Und tatsächlich ging Angelo sofort an den Apparat. »Hi, Angelo, wo steckst du?«, brachte er, um Fassung bemüht, hervor.

»Ich steh vor dem Haus deiner Frau.«

Vincenzo atmete tief. »Mit oder ohne die Briefe?«

»Ohne«, erwiderte Angelo knapp.

Vincenzo stöhnte. »Okay. Hör zu! Du gehst jetzt sofort nochmal zurück und nimmst die beiden Briefe wieder an dich. Hast du verstanden? Es ist extrem wichtig. Ciao. Ruf mich danach gleich an. Danke.« Er beendete sofort das Gespräch.

Und dann betete er.

Keine zwei Minuten später kam Angelo seinem Befehl nach. »Sie hat es abgelehnt und mich vor die Tür gesetzt«, informierte er seinen Bruder emotionslos.

»Mist!«

»Die Frau weiß, was sie will. Ich wünsche dir viel Erfolg. Und viel Spaß«, fügte er hinzu, und Vincenzo hätte ihm am liebsten eine geknallt, als er die Ironie und das versteckte Grinsen in den Worten Angelos erkannte.

»Ja, ja, Ciao.« Vincenzos Atem ging hektisch. Jetzt blieb nur noch die Möglichkeit des direkten Angriffs. Er wählte ihre Nummer, doch nur die Mailbox lief. Sofort rief er auf dem Festnetz an, und tatsächlich ging nicht Isabella an den Apparat, sondern, Gott sei Dank, ihre Mutter. Mit ihr hatte Vincenzo sich bei seinem Aufenthalt in

Riva gut verstanden. »Ciao, Chiara. Du, soeben hat mein Bruder Angelo zwei Briefe an Isabella übergeben. Ich bitte dich von Herzen, nimm ihr diese Briefe ab. Sie sind übereilt geschrieben worden. Ich muss sie unbedingt sprechen. Bitte mach, dass sie an den Apparat geht«, hechelte er und schloss wartend die Augen.

Chiara antwortete nicht sofort. Vincenzo fuhr sich durch die dichten Locken. Herr im Himmel, hilf! Dann vernahm er erregte Stimmen im Hintergrund. Er hielt die Luft an, und endlich meldete sich seine ehemalige Assistentin, seine ihm angetraute Frau – die Person, der er gekündigt hatte, und die er jetzt unbedingt wieder an seiner Seite benötigte. Mit seiner Mutter im Boot mehr denn je. Jetzt und hier half nur noch ein Wunder.

Er hatte vor einigen Wochen, als sie bis über beide Ohren in der Arbeit steckten, über ihren Kopf hinweg einen Vertrag unterzeichnet, ohne sie zu fragen. Es war ihm schlicht durch die Lappen gegangen, ihn von ihr ebenfalls unterzeichnen zu lassen. Möglich, dass er es auch nur verdrängt hatte, sie zu fragen. Aber es konnte ja niemand wissen, dass Salvatore so schnell handelte.

»Was ist?«, schnauzte ihn diese Person an, die er … nun ja, liebte.

»Isabella, ich habe dir zwei Briefe geschrieben, zu denen ich dich bitten muss, sie beide zu verbrennen, ohne sie zu lesen. Und dann bitte ich dich, dich auf den Weg zu machen und sofort hierherzukommen.«

»Oh, der Herr bittet mich. Warum? Brennt die Hütte? Oder gar dein heißer Schlitten?« Selbst wenn die Hütte oder gar sein geliebter Jaguar tatsächlich niedergebrannt wären und er noch dazu, das verriet ihr Tonfall, wäre es ihr egal gewesen.

»Ja, also nein, ich meine nur symbolisch.«

»Symbolisch? Wie soll ich das verstehen?«

»Ich möchte dir etwas unterbreiten ... Also, ein ziemlich tolles Angebot.«

Stille. Dann kam ihre Stimme, so eisig und voller Zorn, wie er sie noch nie vernommen hatte. »Du wagst es, mir, nachdem du mir kurz und bündig gekündigt hast und mir noch dazu mitteilst, dass wir definitiv verheiratet sind, irgendein windiges Angebot zu machen? Du musst mich in der Tat für ziemlich dämlich halten, wenn du glaubst, dass ich darauf eingehe. Adieu!«

Sie legte auf, und er hörte in Gedanken, wie sie den Hörer auf den Apparat warf und diesen dann gegen die Wand schleuderte.

Verflucht! Er wandte sich an Salvatore, ohne seine Mutter zu beachten, die ebenso wie sein Freund mit angehaltenem Atem gelauscht hatte. »Es nutzt nichts. Wir müssen hin zu ihr. Sie ist so verdammt verstockt. Wir müssen sofort los.«

Sie fragten nicht, ließen alles stehen und liefen ohne Jacken oder Mäntel zum Auto. Keine Minute später schoss es auf die Straße und jagte in Richtung Riva. Am Haus Isabellas angekommen, stürmte Vincenzo auf die Haustür zu und riss sie, die zum Glück noch unverschlossen war, auf.

Salvatore und Maria folgten ihm, wobei Marias Hauspantoffeln aus floralem Samt mit dem kleinen Absatz über den Steinboden klackerten. Während der Fahrt hatte er beide kurz über die wichtigsten Dinge informiert.

Maria hatte den Kopf geschüttelt. »Wenn sie dich überhaupt hereinlässt, wird sie dir eine Ohrfeige verpassen, so viel ist klar«, analysierte sie. Doch dann erzählten sie und Salvatore ihm unbeeindruckt von ihren tollen Plänen und der TV-Kochsendung, die da lauten sollte: »Mutter kocht!« Ausschließlich Rezepte zu Zitronen, Limetten, Kumquats und Bitterorangen, also zu allem, was die Limonaia hervorbrachte, würden nachgekocht in vorerst vier Ausstrahlungen. Und nicht etwa, wie anfangs geplant, würde Vincenzo mit Isabella vor den Augen aller kochen, sondern seine Mutter die Chefin spielen und sie beide dabei im Basiswissen der Lebensmittelzubereitung unterrichten. Isabella und Vincenzo sollten ihr »zuarbeiten«, wie sie es nannte. Vincenzo stöhnte, doch er schwieg. Wie auch immer – die ganze Chose würde er nur mit Isabella an seiner Seite überstehen.

In der Küche fanden sie die Familie – genauer lediglich Isabella und Chiara – am Tisch sitzend vor. Beide wie zu Eis erstarrt. Ehe Vincenzo den Mund aufmachen konnte, schob Maria ihn zur Seite.

»Hallo, guten Abend. Ich bin Maria Collani. Bitte verzeihen Sie den kleinen Überfall, doch es war sehr wichtig, dass wir dich, Isabella«, sie duzten sich seit Wochen, »heute noch sprechen. Aber darf ich euch erst einmal Salvatore Silvestrin vorstellen? Er ist leitender Redakteur von unserem lokalen Fernsehsender und möchte dir, liebe Isabella, ein umwerfendes Angebot machen – das du dir bitte in aller Ruhe überlegst, auch wenn mein unmöglicher Sohn dir dazu im Moment vielleicht die Lust genommen hat. Aber diese Sendung, die wir planen, würde nur mit dir funktionieren, daher wäre es sehr wichtig, dass du teilnimmst. Eben weil … weil auch ich dabei mitmachen würde und, ehrlich gesagt, ich das Geld dringend gebrauchen könnte«, fügte sie mit einer engelsgleichen Stimme hinzu, die Vincenzo allen Respekt abverlangte. Auch wenn das Vermögen seiner Mutter zu keinerlei Sorgen berechtigte.

Isabella hatte mit zusammengezogenen Brauen wortlos zugehört, was Vincenzo ebenso erstaunte. Es passte nicht zu ihr.

»Bitte nehmt doch Platz«, antwortete Chiara, die aufgestanden war. Sie reichte Maria die Hand. »Ich bin Isabellas Mutter. Bitte nenne mich doch Chiara. Wir sind ja mittlerweile so etwas wie verwandt«, kam es glatt über ihre Lippen. Dann begrüßte sie Salvatore. »Bitte.« Sie wies auf das Sofa vor dem Küchentisch.

»Nicht nötig, Mama, die Herrschaften wollen gleich wieder gehen«, bemerkte Isabella endlich. Ihre Augen waren glühende Kohlen, und der imaginäre Degen saß locker an ihrem linken Hüftknochen, nur darauf lauernd, gezogen zu werden. Nie kam sie Vincenzo abgemagerter und blasser als jetzt vor.

»Bitte, Isabella, mein Sohn ist manchmal ein bisschen *stupido,* aber ich möchte dich trotzdem als deine Schwiegermutter bitten, uns wenigstens anzuhören.«

Und das tat Isabella, schweigend wie auch ihre Mutter. Danach tobte sie: »Und du fandest es nicht nötig, mich vorher zu informieren? Denn diese Idee ist doch sicher nicht erst heute Abend erstanden, n'est-ce pas?«

Vincenzo stöhnte erneut im Stillen. Seine Frau sprach schon wieder französisch – das vertrugen seine Ohren ganz schlecht. »Ich hab es während unserer Arbeit schlichtweg vergessen«, reagierte er lahm. Ihm fiel einfach nichts Besseres ein. Er konnte momentan weder denken noch in irgendeiner Form auf irgendeine ihrer Antworten reagieren.

»Du ahnst sicherlich, dass ich auf dein Angebot oder das vom Fernsehsender pfeife«, stellte sie mit harter Stimme klar.

»Wie hoch wäre das Honorar?« Die Frage kam von Chiara, und Vincenzo hätte sie am liebsten umarmt.

Salvatore nannte es.

»Für alle vier Sendungen?«

Vincenzo nahm wahr, wie Isabella sich um Abgeklärtheit bemühte, doch ihn konnte sie nicht täuschen. Das Honorar spielte eindeutig eine Rolle in ihrer Entscheidung. Sie konnte gar nicht anders.

»Für jede einzelne. Und natürlich für jeden von euch. Wenn ›Mutter kocht‹ erfolgreich sein wird – und davon gehen wir aus«, setzte Salvatore selbstbewusst hinzu, »könnte die Serie verlängert werden.«

Schweigen. Selbst Chiara hielt den Mund, wie Vincenzo mit Genugtuung registrierte. Gut, das Honorar konnte einen aber auch umhauen, denn es war exorbitant und noch erhöht worden, wie er bemerkte. Zahlen vergaß er so leicht nicht.

Ihr Blick spießte ihn auf, als sie hervorstieß: »Vergiss es.«

Das war's also. Er seufzte resigniert. Er hatte es versemmelt, selber schuld.

»Wie lange hätte sie Zeit, sich das Angebot zu überlegen?« Wieder war es Chiara, die auf den Vorschlag reagierte.

»Bis nächste Woche«, antwortete Vincenzo. »Wir …«

Salvatore unterbrach ihn mit hoch erhobenen Händen: »Tut mir leid, Vincenzo. Der zeitliche Rahmen hat sich geändert. Wir müssten morgen früh das Okay haben. Besser wäre es allerdings, wenn wir bereits heute alles unter Dach und Fach bringen könnten, denn du weißt: Der Sender ist ganz heiß auf diese Art von Kochshow. Ich konnte sie nur mit Mühe hinhalten. Denn der straffe zeitliche Rahmen macht es erforderlich, dass bereits morgen Nachmittag die Dreharbeiten für die erste Folge beginnen. Bis dahin müssten nicht nur die Rezepte vorliegen, logisch, sondern wir müssten auch die Lebensmittel besorgen.«

Isabella schnaubte.

»Wir werden es uns überlegen. Geben Sie uns ein paar Minuten Zeit«, entschied Chiara energisch und stand auf. »Sie können sich solange in die Bibliothek zurückziehen. Vincenzo, wenn du so nett wärst«, endete sie und wies auf die Tür.

Alle drei standen auf und folgten dann Vincenzo in die Bibliothek. Dort wurde nicht viel gesprochen, nur Maria tat so, als sei die Sache bereits in trockenen Tüchern.

»Also, Vincenzo, ich hatte an Spaghetti mit Zitronen und Scampi gedacht, als zweites Gericht ein knuspriges Hähnchen mit Kumquat-Möhren-Traubensalat und als Abschluss eine Torta al limone und eine Tiramisu al limone mit Beeren. Und zu Beginn hab ich mir gerade überlegt, dass wir alle ein Limetten-Prosecco-Sorbet zu uns nehmen.«

»Sorbet? Das muss doch ein paar Stunden gefrieren«, warf Vincenzo missmutig ein.

»Schon, aber ich würde natürlich heute bereits eines vorbereiten. Limetten, Rum, Zucker und Prosecco, dazu zwei Eiweiß – macht doch keine Mühe. Oder besser noch, wir nehmen anfangs einen Prosecco mit Rum und Limonen zu uns, und in der Sendung wird dann das Sorbet hergestellt, dann sind wir auf jeden Fall alle entspannt und haben unseren Spaß.«

»Träum weiter, Mama. Abgesehen davon, dass Isabella total unberechenbar ist, wenn sie einen sitzen hat, wird sie den Vertrag nicht unterzeichnen.«

»Isabella hat eine kluge Mutter. Die wird sie überreden. Ich habe Erfahrung mit alten Häusern, und glaub mir, Bub, hier gibt es viel zu tun. Und auch für eine Familie Von-und-zu wächst das Geld nicht auf Bäumen.«

Vincenzo zuckte seufzend die Schultern.

»Ihre Vorschläge gefallen mir sehr gut. Leider haben wir keine Zeit, die Gerichte vorzukochen, falls etwas schiefgeht«, mischte sich jetzt Salvatore ein.

Maria hob den Kopf und sah Salvatore strahlend in die Augen. »Bei uns wird nichts schiefgehen. Und schon gar nicht, wenn wir uns vorher Mut antrinken.«

Vincenzo ging ans Fenster und riss es auf. Er setzte sich schräg auf die tiefe Fensterbank und verschränkte die Arme. Intensiv sog er die frische Luft ein. Nirgendwo zerriss ein Verkehrsgeräusch die Stille. Es war jetzt völlig windstill. Der See schwappte leise ans Ufer – Musik in seinen Ohren, sanft und beruhigend, Balsam für sein Gemüt.

Das hier war also eines der wenigen Projekte, die er aus eigener Schuld in den Sand gesetzt hatte. Isabella reichte es mit ihm, er konnte es ihr nicht übelnehmen. Jetzt fand er es völlig überzogen, die beiden Briefe an sie geschrieben zu haben. Die Sache mit dem Bild war ihm doch im Grunde völlig egal. Wahrscheinlich hätte er ebenso wie ihr Vater Thibault gehandelt – wenn er so gut wie er malen könnte. Und die bösen Worte zwischen ihr und ihm waren doch nichts als

Schall und Rauch. Doch Isabella konnte stur und nachtragend sein. Und seine Mutter war eine unverbesserliche Optimistin. Sie kannte Isabella eben noch nicht so gut wie er. »Ja, Mut werden wir brauchen, da sei gewiss.«

Er hatte die Worte kaum ausgesprochen, da wurde die Tür geöffnet. Isabella, deren Gesicht ebenso gerötet war wie das ihrer Mutter, stürmte an Chiara vorbei. »Gut also. Ich habe den Vertrag unterzeichnet. Aber die erste Sendung wird eine Probesendung. Erst danach wird neu entschieden.«

Salvatore sprang aus dem Sessel. »Aber ja, natürlich, alles wie Sie es wollen.« Mit einer entschiedenen Bewegung nahm er den Vertrag an sich. »Dann erlauben Sie mir bitte, dass ich mich verabschiede und im Sender Bescheid gebe«, sagte er strahlend und gab Isabella die Hand zum Abschied. Chiara begleitete ihn hinaus.

»Das war eine gute Entscheidung, Mädchen«, sagte Maria und tätschelte Isabellas Hand.

Vincenzo glitt von der Fensterbank herunter. »Das wird sich noch herausstellen, Mutter. Ich denke, wir sind alle doch ziemlich überrascht von Salvatores Überfall.«

»Tut es dir etwa jetzt schon leid, dass du zugestimmt hast?«

Vincenzo sog langsam die Luft ein. »Nein. Wenn ich einen Vertrag unterzeichne, dann weiß ich, was ich tu.«

»Hört auf zu streiten, Kinder. Lasst uns lieber hinsetzen und die Rezepte durchgehen. Sie sind einfach, aber wir müssen die Zutaten aufschreiben. Und dann erkläre ich euch schon einmal, wie man sie zubereitet.«

Vincenzo war selbst erstaunt, dass weder er noch Isabella protestierten.

»Und ich mache uns ein paar Kleinigkeiten, damit ihr nicht vom Fleische fallt«, entschied Chiara.

»Gute Idee.« Isabella holte Stifte und Papier, und dann legten sie los, und eine Stunde später hatten sie das Gröbste zusammengestellt und beim Sender erfahren, wann sie fertig zu sein hatten.

»Mama, siehst du jetzt ein, wie angenehm so ein Handy sein kann?«, neckte sie ihr Sohn, der ihr gegen ihren Willen eines zu Weihnachten geschenkt hatte, und erntete dafür von Isabella einen ironischen Seitenblick.

Maria nickte strahlend. Sie hatte entschieden, dass sie selbst einkaufen gingen, damit sie die beste Qualität für ihre Gerichte bekamen. »Um vier ist Aufnahme, aber wir müssen schon drei Stunden vorher parat stehen. Dann kommen sie alle zu uns. Bisschen viel Aufwand, finde ich«, murrte sie jedoch. »Salvatore sagte mir, die Maskenbildnerin allein brauche schon eine Stunde. Als wenn Isabella eine Maskenbildnerin bräuchte«, fügte sie mit einem strahlenden Lächeln in deren Richtung hinzu.

»Was sollen wir eigentlich anziehen?«

Vincenzo bemerkte den Anflug von Panik in Isabellas Stimme.

»Das, womit du immer kochst«, antwortete Maria ruhig.

»Sie kocht nicht. Sie haben eine Köchin«, konnte Vincenzo sich nicht verkneifen, zu bemerken.

»Umso besser, dann kann sie ja eine Menge lernen, wenn wir alle zusammen in der Küche stehen. Übrigens, hab ich mich für meine Küche entschieden. Deine ist zwar schöner, aber bei dir muss ich immer erst alles suchen«, informierte seine Mutter ihn.

Vincenzo verschränkte die Arme. »Wieso musst du in meiner Küche etwas suchen? Du weißt doch, dass meine Wohnung für dich tabu ist, wenn ich nicht zu Hause bin«, rügte er sie mit zerfurchter Stirn. Doch er wusste natürlich aus langjähriger Erfahrung, dass seine Worte auf taube Ohren stießen.

»Papperlapapp. Mach nicht aus jeder Mücke einen Elefanten. Und jetzt fahr uns heim, Sohn. Morgen ist ein anstrengender Tag, und ich brauche meinen Schönheitsschlaf. Du natürlich nicht, Isabella, du bist auch so eine Schönheit. Aber ich bin eine alte Frau. Mir sieht man jede entgangene Stunde Erholung an.«

Sie verabschiedeten sich, und Vincenzos Melancholie wich nicht einen Zentimeter, als die Eisprinzessin, die Isabella immer noch spielte, ihm die kühle Hand reichte. »Alles wird gut, du wirst schon sehen«, sagte er unbeholfen.

»Na, du musst es ja wissen.«

Er zuckte wortlos die Achseln. Sie verabschiedeten sich von Chiara, dann verließen sie das alte Gutshaus.

Ein anstrengender Tag ging zu Ende. Schlimmer konnte es morgen eigentlich nicht werden.

18

Pünktlich um eins erschien das Fernsehteam. Die drei ließen die Prozedur des Schminkens und des Ausleuchtens über sich ergehen, dann war es Zeit, die Zutaten bereitzustellen.

»Dies nennt man *mise en place*«, informierte Maria als Erstes die Fernsehzuschauer. Sie war bestens gelaunt nach dem Limetten-Aperitif, und Vincenzo vermeinte, auch bei Isabella eine gewisse Aufgekratztheit zu erkennen, die, schön wie noch nie, aufmerksam zuhörte, worüber seine Mutter dozierte.

Alles verlief problemlos und sogar beinahe entspannt – bis Isabella eine ungeschickte Bewegung beim Plattieren des *Scallopine al limone* machte, für das sie sich am ersten Drehtag zuungunsten des Zitronenhuhns entschieden hatten, und Vincenzo anstieß, worauf dieser die *Torta al limone* fallen ließ, die er soeben aus dem Kühlschrank genommen hatte.

»Ach, du Schande«, rutschte es Vincenzo heraus. »Das war ich jetzt aber nicht schuld.«

»Nein, das war natürlich ich. Wer sonst«, keifte Isabella und klatschte mit dem Nudelholz erneut auf das platte Kalbfleisch.

»Kinder, Ruhe. Die Zuschauer haben beobachtet, wie man die Torte zubereitet. Die hier werde ich jetzt vorsichtig vom Boden kratzen, und später, wenn keiner zusieht, essen«, entschied Maria. »Zum Glück hab ich gestern noch geputzt. Und der Tortenboden ist ja bereits fertig gebacken.« Damit bückte sie sich und schichtete die Creme auf die zerbröselten Tortenbodenteile.

»So, Leute, non è niente di grave! Das essen wir nachher allein. Später backe ich einen weiteren Kuchen für die Crew. Ich trau mich nicht, denen das anzubieten. Wir wollen doch, dass sie wiederkommen und die Serie zu Ende drehen«, sagte sie augenzwinkernd in die Kamera.

Vincenzo konnte nicht anders, er musste lachen. Und dann fiel auch Isabella mit ein. »Wie gut, dass unsere Patzer rausgeschnitten werden«, konstatierte sie später, und Vincenzo hatte das Gefühl, als sei sie mit einem Male glücklich.

»Einen Zitronen-Prosecco darauf, dass hier keine Sterne vergeben werden. Die Sendung ist hiermit zu Ende, und wir freuen uns auf jeden Fall, wenn Sie morgen wieder einschalten, liebe Zuschauer«, verabschiedete sich Maria, legte Vincenzo den Arm um die Schulter und nahm mit der anderen Hand Isabellas Prosecco entgegen. Die drei prosteten sich zu und beglückwünschten sich zu der erfolgreichen Aufnahme der Pilotfolge.

Am späten Abend erhielt Vincenzo Besuch von seiner Mama. »Bub, unsere Sendung hat eingeschlagen wie ein Meteorit. Nur schöner«, eröffnete Maria ihm begeistert.

»Wieso, ich denke, die Sendung wird erst in vier Tagen ausgestrahlt«, antwortete Vincenzo.

»Das war ja auch nur ein Testlauf. Alles war begeistert.« Marias Wangen schimmerten rosig, ihre Augen glänzten, ihre Stimme schwankte. Sie hat einen sitzen. Und den hat sie sich verdient, dachte Vincenzo schmunzelnd. »Wir werden auf jeden Fall weitermachen ... Sofern Isabella einverstanden ist«, wiegelte er vorsichtshalber ab.

»Ruf sie sofort an.«

Und das tat er dann auch, und zu seiner Erleichterung sagte Isabella zu.

Der zweite Tag fing harmlos an. Heute kam das knusprige Hähnchen mit Kumquat-Möhren-Traubensalat an die Reihe. Als es ans Beizen mit der japanischen Würzmischung *Nanami Togarashi* ging, übergab Isabella ein Schüsselchen an Maria. Diese rieb das Fleisch mit dem Inhalt ein. »Komisch«, sagte sie, »bei meinem ersten Versuch sah die Beize ganz anders aus. Reich mir den Rest doch bitte einmal herüber«, bat sie. Maria tunkte den Finger in die restliche Mischung und roch daran. »Och nein, das ist ja stinknormales Curry. Kind, wo hast du nur deine Gedanken«, schalt sie ihre Schwiegertochter.

Isabella wurde knallrot. »Ich dachte, das sei *Nanami Togarashi*, ich hab die Verkäuferin extra gefragt«, stotterte sie. »Ich kann schließlich nicht japanisch.«

»Das konnte die gute Frau wohl auch nicht«, erwiderte Maria trocken. »Egal, gibt es heute eben Curry-Hähnchen. Der Zuschauer schmeckt's ja nicht. Den Rest der Aufnahme schneiden wir raus. Merkt euch das, Leute«, sprach sie zu dem Kameramann. »Also, liebe Zuschauer, ich erkläre euch jetzt schnell diese wunderbare Kräutermischung aus Japan. Sie besteht aus Chili – nicht zu viel –, japanischem Pfeffer, weißem und schwarzem Sesam, getrocknetem Seetang, Orangenschalen – natürlich nur die aus unserer Limonaia«, fügte sie mit erhobenem Backpinsel hinzu, »… und Ingwer. Traut euch, es zu versuchen, ihr werdet sehen, es schmeckt vorzüglich.« Bei diesen Worten gab sie einen Luftkuss in die Kamera und rollte verzückt mit den Augen.

Der dritte Tag verlief ausnahmsweise völlig problemlos. Am vierten Tag kam es nur zu einem Versehen: Diesmal verwechselte Vincenzo Zucker mit Salz, sodass die *Crostata di limone*, eine weitere Zitronentorte, nicht das erwartete Geschmackserlebnis bescherte, als sie sie probierten.

»Pfui, Teufel, mir bleibt aber auch nichts erspart. Aber wie auch hier, so hat Mama an alles gedacht«, sagte Maria seufzend, jedoch mit einer Spur Zufriedenheit in der Stimme. »Holt doch mal meine Version von heute Vormittag aus dem Kühlschrank. Ich sage euch, sie schmeckt köstlich.« Sie gehorchten und vertilgten sie mit Behagen bei einer heißen Schokolade.

»Und das war es wieder, liebe Zuschauer … und Zuschauerinnen«, schickte sie rasch hinterher, nachdem der Redakteur sie darauf aufmerksam gemacht hatte, dass sie die weibliche Form nie vergessen dürfe. »Ich hoffe, Sie sind uns gewogen und ermöglichen es uns dank Ihrer Einschaltquote, Sie mit einer neuen Staffel zu beglücken.« Dabei übersah sie, dass Isabella und Vincenzo in seltener Übereinstimmung die Augen rollten. Aber zum Glück wurde ja alles, was ihnen nicht passte, herausgeschnitten.

Pustekuchen! Dieser fromme Wunsch wurde ihnen nicht vergönnt, wie sie am nächsten Tag mit Entsetzen feststellten. Und erst beim dritten Limonen-Prosecco gelang es ihnen, gleichfalls über ihre kleinen Missgeschicke, die von den Zuschauern längst gefeiert wurden, zu lachen.

»Das, ihr Lieben, war das Salz in der Suppe«, äußerte später Salvatore und wischte sich die Lachtränen aus den Augen. »Und wisst ihr, womit das Ganze noch getoppt wurde?«

»Gab es tatsächlich noch eine Steigerung? Wie sah die denn aus?«, fragte Maria verdutzt.

»Dass du, Vincenzo, und du, liebe Isabella, so verknallt ineinander seid«, grinste er.

»Ich? Das wüsste ich aber«, protestierte Isabella mit hochroten Wangen. »Wir sind nicht verknallt, wir sind verheiratet.«

Vincenzo fixierte ihr Gesicht. Konnten diese Augen wirklich lügen? Nein! Verlangte es diesen entzückenden Mund nicht nach etwas anderem als nach Zitronentorte, und zwar nach seinen Lippen? Genau! Ahnte sie nicht, wie es um sie stand? Wohl nicht. Musste er nicht alles daransetzen, dies zu ändern? Aber subito!

Ihm wurde heiß. Er ging zum Fenster und öffnete es.

»Also ich finde, wir sollten uns das mit der Scheidung noch einmal überlegen«, informierte er die Sicheltanne vor dem Fenster.

»Scheidung?«, echoten seine Mutter und Salvatore im Chor.

»Scheidung!«, betonte Isabella.

Vincenzo fuhr herum. »Aber wozu, frag ich dich«, rief er mit Verzweiflung in der Stimme. »Ich … ich finde, wir sind ein tolles Paar. Man sagt doch auch: *Verändere nie ein Winning Team* … oder so ähnlich«, fügte er, völlig demoralisiert, hinzu.

Isabella deutete mit dem Zeigefinger auf ihn, und er spürte den Stich des Säbels bis in die Haarspitzen. »Du hast mir gekündigt. Schon vergessen? Und mit jemandem, der einem den Stuhl vor die Tür setzt, bleib ich doch nicht verheiratet. Einmal davon abgesehen, dass du mir verboten hast, mich in dich zu verlieben.«

»Dir verboten, dich in ihn zu verlieben?«, wiederholte Maria konsterniert und betrachtete verstört Vincenzos Rücken.

Der wandte den Blick keinen Millimeter von der Sicheltanne.

»Also Kindchen, mein Sohn ist manchmal ein Trampel. Das weißt du doch am besten und darfst das einfach nicht so eng sehen«, bat Maria mit Tränen in den Augen und ergriff Isabellas Hand. »Überdies kannst du dich nicht einfach so scheiden lassen. Zuvor muss man sich immer ein Jahr prüfen.«

»Genau«, posaunte Vincenzo, der ebenfalls dem Prosecco reichlich zugesprochen hatte, und drehte sich mit einem Ruck Isabella zu. »Außerdem wollte ich mit dir zusammen ein Kochbuch schreiben. Ich allein schaff das nicht, musst du wissen.«

»Ich weiß«, nickte Isabella. Ihre Augenlider senkten sich. Sie konnte unmöglich noch etwas erkennen, durchzuckte es Vincenzo. Mit angehaltenem Atem wartete er auf ihre Antwort.

»Also okay. Ein Jahr werde ich mir die Sache anschauen. Und keinen Tag länger. Danach wird neu entschieden.«

Vincenzo spürte, wie der Marmorblock von seiner Brust kullerte. »Danach wirst du merken, dass ich nicht so schlecht bin, wie ich hin und wieder erscheine.«

»Aber gewohnt wird bei uns. Hier zu dir fahren wir nur zum Arbeiten.«

Umso besser, da wurden sie wenigstens nicht ständig von ihrer Familie gestört. Höchstens von seiner Mama. »Genau«, strahlte er seine Noch-Ehefrau an. »Zum Kochen und Bücherschreiben.« Und zum Küssen und zum Lieben – ach.

»Nun gut, so sei es«, sprach Isabella, ergriff ihr Glas und schüttete den Rest Prosecco die ausgedörrte Kehle hinunter. Dann stand sie auf, ging auf Vincenzo zu, griff in sein Haar und zog ihn dicht zu sich heran.

Vincenzo öffnete bereitwillig die Lippen.

Und dann küsste sein ihm angetrautes Weib seinen wartenden Mund, so wunderbar, wie Mann und Frau es gelegentlich tun, und erst sehr viel später durchzuckte ihn die Frage, bei wem sie dies wohl so gut gelernt hatte.

Und Isabella triumphierte.